AF535817

Vishen Lakhiani

DIE PERFEKTE MORGENROUTINE

Vishen Lakhiani

DIE PERFEKTE MORGENROUTINE

Wie du mit nur wenigen Minuten pro Tag
deine Leistungsfähigkeit stärkst,
Ziele manifestierst
und wahre Wunder bewirkst

MOMANDA

Wichtige Hinweise

— Die im Buch veröffentlichten Empfehlungen wurden von Verfasser und Verlag sorgfältig erarbeitet und geprüft. Eine Garantie kann dennoch nicht übernommen werden. Ebenso ist die Haftung des Verfassers bzw. des Verlages und seiner Beauftragten für Personen-, Sach- und Vermögensschäden ausgeschlossen. Die Empfehlungen ersetzen keine ärztliche Konsultation, und deren Anwendung erfolgt auf eigene Verantwortung der Leserinnen und Leser.
— Der Inhalt dieses Buches gibt die Meinungen des Autors wieder, die nicht unbedingt mit der Ansicht des Verlages und seines Teams übereinstimmen.
— Die Publikation enthält Links zu externen Webseiten Dritter, auf deren Inhalte wir keinen Einfluss haben; für diese fremden Inhalte können wir keine Gewähr übernehmen. Rechtswidrige Inhalte waren zum Zeitpunkt dieser Veröffentlichung nicht erkennbar.
— Auch wenn eine gendergerechte Sprache wünschenswert ist, gibt es aus Sicht des Verlages bisher keine befriedigende, gut lesbare Lösung. Der leichteren Lesbarkeit zuliebe haben wir zumeist von der Doppelung männlicher und weiblicher Formen nach dem Muster »der ... oder die ...«, »er bzw. sie« usw. Abstand genommen. Selbstverständlich liegt es uns fern, dadurch jemanden zu benachteiligen.

Aus dem Englischen
von Maria Müller-de Haën

Titel der Originalausgabe:
The 6 Phase Meditation Method. The Proven Technique to Supercharge Your Mind, Manifest Your Goals, and Make Magic in Minutes a Day.

New York: Rodale Books, an imprint of Random House, a division of Penguin Random House LLC • RodaleBooks.com / RandomHouseBooks.com

Deutsche Ausgabe:

Lektorat: Gitta Lingen; Satz & Layout: Birgit-Inga Weber
Redaktion der Audio-/App-Hinweise: Calvin Dibowski und Bernhard Keller
Cover: Sladjana Radujkovic, nach der amerikan. Vorlage von Pete Garceau
Foto des Autors: Paulius Staniunas
Kopfhörer-Icon (S. 30 u.a.): Christian Dorn/pixabay.com
Gesamtherstellung: Bernhard Keller
Druck: Florjančič – Printed in the EU
ISBN 978-3-95628-067-2

Für Hayden und Eve. Zuallererst.
Und für meine Familie:
Kristina, Roope, Liubov, Mohan, Virgo.
Für mein Team bei Mindvalley
und all die erstaunlichen Autoren
und Schüler auf der ganzen Welt:
Wir leben, um ihnen zu dienen.

Inhalt

[* In diesem Buch werden »vergeben/Vergebung« und »verzeihen/Verzeihung« synonym verwendet. (Anm. dt. Red.)]

Vorwort

Am 19. September 2019 meldeten sich mehrere Freunde mit folgenden Nachrichten bei mir:

> *»Hey, herzlichen Glückwunsch, ich hab's in der Zeitung gelesen!«*
> *»Du musst ja so stolz sein.«*
> *»Wie cool!«*

Ich war gerade aufgewacht. *Moment mal, wie bitte?*

Ich hatte absolut keine Ahnung, wozu sie mir gratulierten. Es war ein ganz normaler Tag für mich, genau wie der Tag davor. Ich saß in meiner damaligen Wohnung in Kuala Lumpur/Malaysia im Bett, meditierte, machte mir einen Eiweißshake, duschte und fuhr mit einem Uber zur Arbeit.

Doch es trudelten immer mehr Nachrichten ein.

Wie sich herausstellte, war mein Name an diesem Morgen in der Presse genannt worden – im Zusammenhang mit dem Sieg bei den US Open. Allerdings hatte ich selbst gar nicht gewonnen. Aber eine rumänisch-kanadische Teenagerin namens Bianca Andreescu hatte es geschafft. Mit ihrem Sieg über Serena Williams hatte sie in einem spannenden Tennisturnier ihren ersten Grand-Slam-Titel gewonnen, und seitdem ist sie eine weltweit gefeierte Tennisspielerin. Die temperamentvolle Neunzehnjährige hatte Serena außerdem auf die freundlichste, positivste und sanfteste Art und Weise vom Platz gefegt. Sie hatte ihr die Hand geschüttelt und sich sogar für ihren Sieg entschuldigt.

Die Presse bekam davon Wind, fand sowohl ihr Talent als auch ihre Reife faszinierend und fragte einfach: »Wie haben Sie das geschafft?«

Bianca lächelte angeblich und antwortete: »Ich zeige es Ihnen!«

Hier komme ich ins Spiel. Sie zückte ihr Handy und zeigte ihnen mein erstes Buch, *»The Code of the Extraordinary Mind«**. [* Die deutsche Ausgabe erschien 2017 zunächst unter dem Titel *»Lebe nach deinen eigenen Regeln. 10 Schritte zum unkonventionellen Denken«;* 2019 folgte eine Broschur des gleichen Inhalts mit dem Titel *»Definiere dich NEU: Das Update für ein außergewöhnliches Leben«*.]

Ich hatte die 6-Phasen-Meditation in meinem ersten Bestseller erwähnt, und nachdem Bianca darüber gelesen hatte, meldete sie sich für ein Seminar zu dieser Meditation an, um damit strategisch ihre Leistung zu verbessern und ihr Leben zu optimieren. Jeden Tag stellte sie sich vor, wie sie die US Open gewinnt (dieses Vorgehen wirst du in Phase 4 kennenlernen). Und sie hat es tatsächlich geschafft!

Wirst also auch du die US Open gewinnen, wenn du dieses Buch zu Ende gelesen hast? Wahrscheinlich nicht. In diesen Kapiteln wird es nicht darum gehen, wie man Tennismatches gewinnt. Aber du wirst lernen, im Leben zu gewinnen und die Ziele zu erreichen, die für dich persönlich am wichtigsten sind.

Bianca gehört zu den Millionen von Menschen, die die 6-Phasen-Meditation nutzen, um sich bestens zu fühlen, Höchstleistungen zu erbringen und Unvorstellbares zu erreichen.

Und sie ist nicht die Einzige unter den bekannten Sportlern und Sportlerinnen, die die 6-Phasen-Meditation anwendet. Auch Footballer Tony Gonzalez, der NFL Top 100 Hall of Famer, hat diese Meditation in mehreren Presseartikeln erwähnt, ebenso wie der Basketballer Reggie Jackson von den LA Clippers und seine gesamte Familie (Interviews mit all diesen erstaunlichen Menschen können auf meinem Instagram-Account @vishen angeschaut werden).

Die 6-Phasen-Meditation ist aber nicht nur für Sportler geeignet, sondern wird auch von Künstlern, Unternehmern, Musikern, Sängern und Hollywood-Stars praktiziert, deren Filme du wahrscheinlich gesehen hast.

Nehmen wir zum Beispiel den »War & Leisure«-Sänger und Songschreiber Miguel. Das *»Billboard«*-Magazine[1] schrieb einen faszinierenden Artikel über Miguels Meditationspraxis mit seiner gesamten Crew vor großen Konzerten unter dem Titel *»Miguel Talks Connecting with Fans Through Meditation Before His Shows«* [»Miguel verbindet sich vor seinen Shows durch Meditation mit seinen Fans«]. »Was für eine Meditation?«, fragte *»Billboard«*.

Miguels Antwort: »Es handelt sich um eine von Vishen Lakhiani geleitete Meditation in sechs Phasen, die sich mit Bewusstsein, Dankbarkeit, Vergebung, Drei-Jahres-Zielen, der Visualisierung des perfekten Tages usw. befasst. Die Meditation dauert etwa 20 Minuten.«

Und warum praktizieren Rockstars und Sportler die 6-Phasen-Methode? Weil sie sofort die Wirkung bemerken. Egal, ob es um den Applaus des Publikums oder um mehr Punkte geht – sie alle erleben einen Leistungsschub.

Bist du eine weltberühmte Sportlerin oder ein Künstler? Vielleicht nicht. Aber du hast Träume und Vorstellungen von dem, was du in die Welt bringen möchtest, oder? Höchstwahrscheinlich ja.

Auch wenn du dich selbst noch nie als Unternehmerin gesehen hast, bist du womöglich durchaus eine. Vielleicht bist du auch ein kreativer *»Changemaker«* [jemand, der Veränderungen anstößt, ein Visionär und Zukunftsgestalter, ein beherzter Entscheider, offen für Neues, innovativ], der auf einen Glücksfall gewartet hat.

Dein Erfolg ist vielleicht nicht so offensichtlich wie der von Bianca. Bei dir zeigt im Lauf des Tages keine Anzeigetafel die Punkte an, und kein Schiedsrichter beobachtet jede deiner Bewegungen. Kein Live-Publikum tanzt und applaudiert dir für deine Leistung. Aber du wirst es spüren. Vielleicht bemerkst du als Erstes die allmählich steigenden Umsätze; oder du agierst immer öfter aus einem Zustand des totalen Flows heraus. Vielleicht staunst du am Ende des Tages auch darüber, wie viel du mit so wenig Aufwand geschafft hast und wie energiegeladen du noch bist. Für viele Unternehmer und CEOs ist die 6-Phasen-Meditation zu ihrer wichtigsten täglichen Praxis geworden.

Merk dir meine Worte: Am Ende dieses Buches wirst du alle nötigen Werkzeuge an der Hand haben, um das bestmögliche, erfolgreichste und glücklichste Leben zu führen. Und die Menschen um dich herum werden es merken.

Deshalb freue ich mich sehr darüber, dich mit dieser Meditationspraxis bekannt machen zu können.

Was ist eigentlich die 6-Phasen-Meditation?

Nun, zunächst einmal ist es keine traditionelle Meditation. Diese Vorstellung kannst du gleich vergessen. Vielmehr handelt es sich um eine Reihe von wissenschaftlich untermauerten mentalen Skripten, die du im Kopf ablaufen lässt, um dein Denken über dich und die Welt zu verändern.

Doch bevor ich näher auf die sechs Phasen eingehe, möchte ich dir erzählen, wie es dazu kam, dass ich mich obsessiv mit der Macht des menschlichen Geistes beschäftigt habe und schließlich eines der weltweit größten Unternehmen für persönliche Entwicklung und menschliche Transformation gegründet habe: Mindvalley.

Bill Gates, Microsoft und das muffige Sofa

Eigentlich war es nie meine Absicht, Meditationslehrer zu werden. Es war nicht meine Bestimmung, ein »spirituelles« Leben zu führen, und ich habe nicht eine Sekunde lang mit dem Gedanken gespielt, eines Tages Bestseller über das menschliche Potenzial zu schreiben.

Ich wurde in Malaysia geboren und wuchs in einer großen Hindu-Familie auf, in der die akademische Welt bzw. ein Universitätsstudium einen hohen Stellenwert hatte. Wenn du wie ich indischer Einwanderer bist, bist du auch mit der Vorstellung vertraut, die Wahl zwischen vier möglichen Karrieren zu haben: Du wirst Ingenieur, Arzt, Anwalt ... oder der Versager der Familie. Nicht mehr und nicht weniger.

Ich werde nie vergessen, wie mein Großvater mich ansah, als wir eines Sonntagnachmittags mit dem Auto unterwegs waren. Das war etwa zu der Zeit, als Bill Gates Indien besuchte, und es fiel mit dem Monat zusammen, in dem ich vor der wichtigsten Entscheidung meines bisherigen Lebens stand, nämlich welches Fach ich an der Universität studieren sollte.

Das Gesicht von Bill Gates war überall zu sehen, auf jedem Nachrichtensender, in jeder Zeitung. Angeregt durch den Radiosender, der aus den Lautsprechern dröhnte, hatte mein Großvater einen Geistesblitz, der meine Entscheidungen für die kommenden fünf Jahre bestimmen sollte.

»Vishen«, sagte er und sah mir hoffnungsvoll in die Augen, »du musst reich sein wie Bill Gates – du musst dich mit Computern auskennen!«

Als Teenager mit einer Brille mit Klebeband, der die meiste Zeit seines bisherigen Lebens Minderwertigkeitskomplexe gehabt hatte, war ich mehr als erpicht darauf, mich zu beweisen. Im Sommer 1999 zog ich in die Vereinigten Staaten und schrieb mich an der University of Michigan, Ann Arbor, für den Studiengang Informatik ein. Für dieses Fach gehörte die Hochschule damals zu den fünf besten der Welt. Nachdem ich voll und ganz in die amerikanische College-Kultur eingetaucht war (muss ich noch mehr dazu sagen?) und meinen Abschluss gemacht hatte, ging der Traum meiner Familie in Erfüllung: Ich hatte das große Glück, einen Praktikumsplatz bei Microsoft in Redmond im Bundesstaat Washington zu ergattern.

Jawohl, ich habe für Bill Gates gearbeitet. Aber wie du wahrscheinlich schon erraten hast, habe ich es nicht allzu lange ausgehalten. Ich habe mich sogar absichtlich feuern lassen, und das war so:

Obwohl meine Familie voller Lob war und ich kurzzeitig ein Erfolgserlebnis hatte, ging es mir bereits nach zwei Monaten miserabel. Ich wachte morgens auf und drückte die Schlummertaste. Wieder und immer wieder. Obwohl ich »erfolgreich« geworden war, erlitt ich vor lauter Monotonie einen seelischen Kollaps.

Ich weiß noch, wie Bill Gates einmal alle neuen Mitarbeiter in sein wunderschönes Haus mit Blick auf den Lake Washington einlud. Alle meine Kollegen und Kolleginnen versammelten sich um ihn und seinen Grill, auf dem er uns frisch gegrillte Burger servierte. Sie strahlten, als sie ihrem Helden die Hand schüttelten. Ich war der Einzige bei dem Meeting, der das nicht schaffte. Ich wusste, dass ich nicht dazugehörte. Bill war ein freundlicher Gastgeber und ein genialer Mensch. Aber diese Welt war nichts für mich.

Also beschloss ich aufzuhören, aber bei dem Gedanken, meine Familie zu enttäuschen, hatte ich vor lauter Angst Schweißausbrüche. Ich konnte da nicht einfach weggehen. Ich musste es so aussehen lassen, als wäre es nicht meine Entscheidung gewesen. Also heckte ich einen Plan aus, um gefeuert zu werden.

Ich schloss die Türen meines Büros und spielte den ganzen Tag lang das Spiel *»Age of Empires«,* bis es jemandem auffiel. Echt billig, ich weiß. Ich wurde offiziell gefeuert, weil ich »während der Arbeitszeit Computerspiele spielte«.

Dann zog ich ins Silicon Valley, um mit etwas Geld zu verdienen, das mir wirklich Spaß machte. Ich würde ein Unternehmer sein! Ich war mir nicht sicher, was ich tun wollte, aber ich war von einem unlogischen Optimismus erfüllt. Ich war fest davon überzeugt, dass ich eine erfolgreiche Karriere machen würde – ich musste es einfach. Und das Silicon Valley war für frisch von der Uni kommende Informatiker das, was Hollywood für angehende Schauspieler war. Ich war am richtigen Ort.

Allerdings war mein Timing, kurz gesagt, miserabel. Wenige Monate, nachdem ich ins Silicon Valley gezogen war, platzte die Dotcom-Blase. Vierzehntausend Menschen in der Region wurden im April 2001 praktisch über Nacht entlassen, genau in dem Monat, in dem ich mein Unternehmen auf die Beine zu stellen versuchte. Na dann, viel Glück beim Versuch, in diesem Umfeld eine Idee zu verkaufen ...!

Das war eine schlechte Nachricht für mein Ego. Aber noch schlimmer war es für meinen Kontostand. Monatelange Versuche, dieses Unternehmen zu gründen, hatten zu nichts geführt. Langsam ging mir das Geld aus, und schon bald konnte ich mir kaum noch die Miete leisten.

Um weniger Fixkosten zu haben, zog ich weit weg vom Valley und ließ mich in der Universitätsstadt Berkeley in Kalifornien nieder. Ich hatte nicht einmal 2000 Dollar auf meinem Bankkonto und absolut keine Jobaussichten.

Glücklicherweise fand ich eine Unterkunft, die ich mir leisten konnte: das Zweisitzer-Sofa eines College-Studenten. Ja, ich konnte mir nicht einmal ein Zimmer leisten. Aber ein Student, den ich über Freunde in einer Bar kennengelernt hatte, sagte mir, ich könne seine Couch für 200 Dollar im Monat mieten.

»Hattest du schon viele ... Couchmieter?«, fragte ich nervös, als ich meine Taschen abstellte und mich vorsichtig hinsetzte, unsicher, ob sie mein Gewicht aushalten würde. Es war, gelinde gesagt, eine sehr dubiose Couch.

»Oh ja, Kumpel. Sie kommen einfach immer wieder. Was denkst du denn, wie ich meine College-Rechnungen bezahle?« Er lachte.

Ich lächelte ihn höflich an. In der Tasche neben mir war mein ganzes Leben. Alles, was ich auf der Welt besaß. Ich war mit 30.000 Dollar verschuldet und hatte das Startkapital, das ich von der »Bank of Dad«, also von meinem Vater, erhalten hatte, aufgebraucht, und es sollte nicht viel einfacher werden. Trotz meines Abschlusses in Informatik und meiner unerschütterlichen Entschlossenheit wurde mir schnell klar, dass ich nicht einfach über Nacht zum Unternehmer werden konnte und dass das Blümchensofa die Miete nicht selbst bezahlen würde. Ich brauchte Geld, und zwar schnell.

Ich musste meine Unternehmerträume aufgeben und mir einen Job suchen. Aber nirgends war einer zu finden. Nach dem Dotcom-Crash waren Jobs rarer denn je.

Jeden Tag wachte ich mit einem steifen Nacken auf, und ich will gar nicht wissen, wie oft ich meinen Lebenslauf verschickt habe in der verzweifelten Hoffnung, dass mich irgendwann jemand einstellen würde. Mein Leben war ein einziges Chaos, und es ging einfach nicht vom Fleck.

Endlich, nach acht quälenden Monaten, in denen ich nur Absagen erhalten hatte und mein Stolz am Boden lag, wendete sich mein Glück.

Durch einen Kontakt bekam ich die Möglichkeit, ein Vorstellungsgespräch bei einem kleinen Start-up-Unternehmen zu führen, das Case-Management-Software für Anwaltskanzleien verkaufte. Aber die Wirtschaft war immer noch angeschlagen, und die meisten Unternehmen weigerten sich, ein Grundgehalt zu zahlen. Ich las mir die E-Mail mit dem Angebot durch.

Oh, Gott.

Es war ein *»Dialing for Dollars«*-Job. Kaltakquise per Telefon war mein schlimmster Albtraum. Ich war immerhin Absolvent der angesehenen University of Michigan, Fachbereich Elektrotechnik und Informatik, verdammt noch mal! Und jetzt sollte ich einer von *denen* werden?

Aber welche Wahl hatte ich denn? Wenn ich das Angebot nicht annahm, würde ein anderer Möchtegern-Erfolgsmensch meinen Platz auf dem fleckigen Zweisitzer einnehmen und ich müsste mit eingezogenem Schwanz nach Malaysia zurückkehren. Also nahm ich den Job an.

Meine Hauptaufgabe bestand darin, die Nummern von Hunderten von Anwälten in den Vereinigten Staaten zu wählen und sie davon zu überzeugen, unsere Software zur Verwaltung ihrer Kanzleien zu kaufen. Jeden Morgen wurde mir ein Gebiet zugewiesen – zum Beispiel San Antonio, Texas. Nachdem ich ein paar mickrige Cornflakes verdrückt hatte, machte ich mich auf den Weg zur San Francisco Public Library. Mit Rückenschmerzen von einer weiteren schlaflosen Nacht auf meinem wertvollen, muffigen Sofa setzte ich mich stundenlang mit den Gelben Seiten für San Antonio hin, schnappte mir einen Notizblock und einen Stift und schrieb mir die Namen aller Anwälte in dieser Gegend auf. Alle der Reihe nach, von A bis Z.

Da war ich nun, ein Junge aus Malaysia namens Vishen Lakhiani, der Anwälte mit ernster Miene mitten in ihrer Arbeit unterbrach, um ihnen Software zu verkaufen. Du kannst dir bestimmt vorstellen, wie das lief.

Hörer wurden auf die Gabel geknallt, ich wurde angeschrien und zum Teufel geschickt – und das Tag für Tag. Man darf dabei nicht vergessen, dass Anwälte in der Regel ziemlich beredt sind. Viele sagten mir nicht einfach, dass ich mich verpissen sollte. Oh, nein, sie gaben mir das auf sehr poetische und fantasievolle Weise zu verstehen, zum Beispiel mit Beschreibungen aller möglichen aufregenden mittelalterlichen Foltermethoden mittels unbelebter Gegenstände wie Besenstielen und Stuhlbeinen. Ihre Monologe verfolgten mich bis in meine Träume.

Wie ich über die wichtigste Lektion stolperte, die ich je lernen würde

Ich hatte versagt, und ich wusste es. Irgendwie war ich in einem *weiteren* Job gelandet, den ich hasste, aber diesmal für einen Bruchteil des Gehalts. Der amerikanische Traum hatte erneut aus mir Hackfleisch gemacht und mich *wieder* ausgespuckt.

Also tat ich das, was jeder in einer solch erbärmlichen Situation tun würde: Ich stellte meine Instantnudeln beiseite und wandte mich an Google – die damals heißeste und magischste neue Suchmaschine. Wir waren alle immer noch fasziniert von der Fähigkeit, auf alles, was wir ihr vorlegten, eine Antwort zu bekommen.

Warum ist mein Leben beschissen?

Eine wichtige und, ja, etwas pessimistische Frage. Suchet und ihr werdet finden. Google nannte mir eine Reihe von Gründen, warum das Leben beschissen ist. Ich tippte weiter.

Warum hasse ich meinen Job?

Und wieder nannte Google mir all die Gründe, warum die Menschen heutzutage ihren Job hassen. Es war sehr deprimierend.

Nur 15% der weltweit eine Milliarde Vollzeitbeschäftigten erfüllen ihre Arbeit mit Engagement. In den USA ist die Situation mit etwa 30% deutlich besser, aber das bedeutet immer noch, dass etwa 70% der amerikanischen Arbeitnehmer ihre Arbeit ohne Engagement verrichten.[2]

Wow …! Wenigstens war ich nicht allein mit diesem Problem. Ich habe weitergescrollt.

Immer wieder das Gleiche: Das Leben ist hart, Arbeit macht es noch härter und so weiter.

Aber dann sah ich etwas. Etwas, das mir die leise Hoffnung gab, es könnte eine Lösung geben:

Meditationsseminar zur Steigerung der Arbeitsleistung, Los Angeles.

Okay …

Hier klicken.

Es wurden ziemlich große Versprechungen gemacht. Menschen, die an diesem Kurs teilnahmen, konnten angeblich besser und intelligenter verkaufen, ihre Arbeit positiver sehen und hatten eine rasante berufliche Entwicklung hingelegt. *Könnte Meditation mir wirklich helfen, meine Abschlussquote zu erhöhen?,* fragte ich mich. Zu diesem Zeitpunkt hatte ich absolut nichts zu verlieren – lediglich das beschissene Sofa, auf dem ich mich jede Nacht hin und her wälzte, würde meine Abwesenheit bemerken.

Ich beschloss, die Chance zu nutzen und teilzunehmen. Wenn es mir nicht gefiel, konnte ich mich ja einfach durch die Hintertür vom Acker machen und nach Hause gehen.

Also stieg ich in ein Flugzeug, gab das bisschen Geld, das ich noch hatte, für ein Motel aus, trank einen billigen Kaffee, erschien auf diesem Meditationskurs ... und sah mich mit meinem schlimmsten Albtraum konfrontiert:

Ich war allein.

Ich war der einzige Schüler in diesem Raum.

Die Meditationslehrerin zuckte mit den Schultern und bat mich, Platz zu nehmen.

Ich befürchtete das Schlimmste und stellte mir vor, wie sie Räucherstäbchen anzünden, mich mit Kristallen umgeben und von mir verlangen würde, ein New-Age-Mantra zu singen. Ganz nervös saß ich da.

Aber es war nicht so schlimm, wie ich dachte. Wie sich herausstellte, handelte es sich um eine relativ neue Meditationstechnik und nicht um eine jahrhundertealte Praktik. Zudem war sie von einem Meditationsexperten aus Texas entwickelt worden. Sein Name war José Silva, und er nannte das Seminar treffend »Silva Ultramind«. Sein wissenschaftlich-spirituelles Geschenk an die Welt wurde in den 1970er- und 1980er-Jahren sehr populär, und ich würde das also jetzt alles lernen, und zwar sozusagen im Privatunterricht.

Amanda (Name geändert), meine Lehrerin, arbeitete im Pharmavertrieb, man konnte ihr Gehalt sozusagen schon von

Weitem riechen. Schick gekleidet, kühl und gelassen, mit ihrer Designerbrille auf der Nase, durchbrach sie das Klischee von Meditierenden auf Anhieb. Vielleicht würde ich mich doch nicht durch die Hintertür vom Acker machen. Sie führte mich in einem einzigen Workshop durch das gesamte Silva-Ultramind-System. In nur einem Tag gewann ich einen guten Überblick darüber, wie man durch Meditation in veränderte Geistesverfassungen gelangt.

Wie ich erfuhr, bestand José Silvas Vermächtnis (er starb 1999) darin, der Welt mentale Programmiertechniken beizubringen, die den Rahmen der traditionellen passiven Meditation sprengten. Es ging nicht darum, den Kopf frei zu bekommen und die eigenen Probleme zu vergessen; vielmehr galt es, sie in *Projekte* zu verwandeln. Man erlernte spezifische mentale Skripte, um den Geist zu programmieren, so wie einen Computer. So konnte man schlechte Gewohnheiten auslöschen, die Heilung beschleunigen und sogar Träume manifestieren. Silva nannte diesen Ansatz »aktive« Meditation, um ihn von den eher traditionellen »passiven« Praktiken zu unterscheiden.

Nach diesem Seminar verspürte ich einen Frieden wie noch nie zuvor in meinem Leben. Ich hatte keine Ahnung gehabt, dass Meditation tatsächlich so nützlich sein konnte. Genauso wenig war mir klar, dass das Interesse an der wissenschaftlichen Untersuchung der Leistungssteigerung durch Meditation exponentiell ansteigen würde.

Also ging ich zurück nach San Francisco und begann mit meiner persönlichen Meditationspraxis. Von da an meditierte ich jeden Tag (zugegebenermaßen ziemlich obsessiv) unter Verwendung all der Techniken, die Amanda mir gezeigt hatte. Falls das nicht klappte, wusste ich nicht, woher ich die nächste Monatsmiete nehmen sollte, also kniete ich mich wirklich rein.

Jeden Morgen setzte ich mich hin und stellte mir vor, wie sich mein Umsatz verdoppelte. Die Aufregung, die mit dieser Verdoppelung einhergehen würde, fühlte ich bereits im Vorfeld, und ich feierte das Erreichen meiner Ziele, als hätte ich sie schon erreicht. Ich atmete tief durch und ging mit meinem Bauchgefühl in Verbindung, zu dem ich eine neue Beziehung gefunden hatte. Ich begann, ganz still auf die innere Führung zu hören, um sie bei der Arbeit nutzen zu können.

Eine große Veränderung bestand in der Entscheidung, die Anwälte nicht mehr in der Reihenfolge ihrer Einträge in den Gelben Seiten anzurufen. Stattdessen entspannte ich mich, versetzte mich in einen meditativen Zustand, stellte mich auf meine Intuition ein, fuhr mit dem Finger über die Gelben Seiten und hielt an, wenn ich einen Namen fand, der sich richtig anfühlte. Dann rief ich nur diese eine Nummer an. Am Ende dieser ersten Woche hatte sich meine Abschlussquote verdoppelt.

Die Meditation wirkte sich auch sehr positiv auf meinen Stresspegel aus, sodass ich von Anfang an voll bei der Sache war. Ich nutzte meine neu gewonnene Energie und mein Einfühlungsvermögen, um mit jedem, der den Hörer abnahm, *wirklich* in Kontakt zu treten – was meine Kundenbeziehungen wundersam verbesserte. Und rate mal, was passierte: Zwei Wochen später hatte sich mein Umsatz erneut verdoppelt.

Aber das war noch nicht alles. Jetzt arbeitete ich zusätzlich mit kreativer Visualisierung und nutzte dazu die sogenannte »mentale Projektion« (darauf kommen wir in Kapitel 4 zurück). Einen Monat später hatte sich mein Umsatz noch einmal verdoppelt.

In den darauffolgenden vier Monaten wurde ich dreimal befördert. Ich wurde Vertriebsvorstand. Aber das war mir nicht genug. Ich fragte den Firmengründer, ob ich seine nicht existierende Abteilung für Geschäftsentwicklung leiten könnte.

Ich war so gut in meinem Job, dass der Gründer des Unternehmens mir schließlich *beide* Positionen übertrug. Vishen Lakhiani, 26 Jahre alt, Vertriebsvorstand und Leiter der Geschäftsentwicklung.

Mein Chef dachte dasselbe wie du.

»Wie zum Teufel machst du das bloß, Vishen?«, fragte er mich mit gerunzelter Stirn und verschränkten Armen.

»Meditation und Intuition«, erklärte ich ihm.

Es gab eine lange Pause.

»Das ist doch Blödsinn ..., aber kannst du das bitte weiterhin so machen?«

Die lästige Nebenwirkung des Meditierens

Ich blieb weitere 18 Monate in dem Unternehmen, perfektionierte meine Meditationsfähigkeiten und erzielte Verkäufe in astronomischer Höhe. Doch in dieser Zeit hatte sich etwas verändert ...

Und zwar ICH.

Wenn man anfängt zu meditieren, passiert etwas Lästiges: Man wird nach und nach zu einem besseren Menschen.

Das Leben ist nicht mehr bloß ein Fragezeichen hinter der Frage, wie du reich werden und deine Eltern beeindrucken kannst. Wer regelmäßig meditiert, verlagert seinen Fokus allmählich von seinem Ego auf etwas Sinnvolleres. Der häufigste, aber unerwartete Nebeneffekt der Meditation ist, dass einem die Menschheit schließlich viel wichtiger ist, als man es je für möglich gehalten hätte.

Und nach den paar Jahren in diesem Softwareunternehmen hatte ich das Gefühl, ein wenig zu kurz gekommen zu sein ... auf spiritueller Ebene. Ich war »erfolgreich«, aber erneut wurde mir überdeutlich bewusst, dass mein Job keinen wirklichen Wert hatte. Es musste doch mehr im Leben geben als das hier. Wem half ich denn wirklich? Was würde mein Vermächtnis sein?

Nennt mich einen Hippie, nennt mich einen New-Age-Spinner, nennt mich verrückt ..., aber ich beschloss, meine großzügig bezahlte Arbeit (erneut) zu kündigen. Und dieses Mal würde ich der Menschheit etwas Gutes tun. Die Meditation hatte mich so weit gebracht, vielleicht konnte sie mich ja auch dorthin bringen, wo ich hinwollte.

Einen Monat später saß ich also an meinem Computer und dachte über meine nächste große berufliche Veränderung nach. Ich steckte in einer existenziellen Krise. Und natürlich tat ich, was jeder andere Mensch in einer solchen Situation tun würde: Ich habe meine Frage gegoogelt.

Wie kann ich die Welt verändern?

Praktisch sofort poppte dieses Zitat hoch:

Bildung ist die mächtigste Waffe, um die Welt zu verändern.
– Nelson Mandela

Wow, das ging aber schnell. Danke, Nelson!

Aber was hatte *ich* denn schon zu lehren? Also ganz ehrlich, Informatik-Workshops würden die Menschheit nicht in einen Zustand ewiger Glückseligkeit versetzen. Außerdem musste es etwas sein, wofür ich mich begeistern konnte. Es musste etwas sein, das im Bildungssystem fehlte.

Da hatte ich einen Geistesblitz.

Ich musste an die Szene in Los Angeles denken, als ich allein in dem Meditationsseminar saß. Dieser Kurs hatte mich an *einem einzigen Tag* buchstäblich verwandelt. Warum war das Thema in meinem 29.000-Dollar-Jahresabschluss an der Universität von Michigan nie zur Sprache gekommen? Warum war ich der Einzige, der auf diesem Seminar auftauchte? Wo waren die Studien über Meditation, Intuition und persönliches Wachstum im Bildungssystem?

Der Rest ist Geschichte.

Um es kurz zu machen: Ich wurde zertifizierter Meditationslehrer nach dem Silva-Ultramind-System und gab fünf Jahre lang Kurse in London und New York.

Einige Jahre später gründete ich mein Unternehmen: Mindvalley. Und ich kann voller Stolz sagen, dass wir es bei Mindvalley geschafft haben, Millionen von Menschen das Meditieren näherzubringen. Heute ist Mindvalley eines der größten Unternehmen unter all jenen, die das gesamte Spektrum des »Lernens fürs Leben« anbieten. Wir decken alle Bereiche ab, die Menschen für ein erfülltes Leben brauchen – Geist, Körper, Seele, Unternehmertum, Leistung, Beziehungsfähigkeit –, und Meditation ist das Herzstück von allem. Wir sind zu einem der Arbeitgeber mit den zufriedensten Mitarbeitern der Welt gewählt worden, weil wir praktizieren, was wir predigen.

Bis zu dem Zeitpunkt, als ich dieses Buch schrieb, hat sich Mindvalley als eines der wertvollsten Unternehmen für persönliche Entwicklung weltweit etabliert, mit mehr als 20 Millionen Fans auf der ganzen Welt und einem Umsatz von nahezu 100 Millionen Dollar.

Manche nennen mich einen Glückspilz, und damit haben sie durchaus recht. Ich habe zufällig die richtigen Leute zur richtigen Zeit getroffen, und ich konnte meine Karriere auf etwas aufbauen, das, wie ich glaube, die Welt zum Besseren verändern könnte. Aber dahinter stand eine Absicht, ein Plan, und ich danke der Meditation, dass sie mich dorthin geführt hat.

Es gibt natürlich Hunderte von Meditationsarten. Doch in diesem Buch erlernst du die Praxis einer komprimierten, hypereffizienten, Magie erzeugenden, Freude schaffenden, Produktivität induzierenden, Ziele erstürmenden Mega-Meditation: die 6-Phasen-Methode.

Ich habe die Sequenz auf der Grundlage all dessen zusammengestellt, was ich in 20 Jahren über Meditation gelernt habe; sie basiert auf einer Unmenge an Forschung und Lernen. Ich konnte das tun, weil ich einen besonderen Vorteil habe: Durch Mindvalley habe ich mehr als tausend führende Köpfe auf dem Gebiet der menschlichen Leistungsfähigkeit, Spiritualität und Mentalität interviewt und kennengelernt.

Ich habe die psychospirituellen Weisheiten aus Tausenden von Jahren verfeinert, sowohl die uralten als auch die allerneuesten, habe mir die besten Teile herausgepickt, sie in einfaches Englisch übersetzt und in eine logische Reihenfolge gebracht.

Letztendlich habe ich das Meditieren gehackt, habe Jahrtausende dieser und jener und übermäßig komplexer wissenschaftlicher und spiritueller Forschung in *EINE* weltfreundliche, 15- bis 20-minütige Praxis gepackt: die 6-Phasen-Meditation.

Einführung

Ich möchte diese Einführung mit einer Aussage beginnen, die dich wahrscheinlich verwirren wird:

Ich bin kein großer Fan von Meditation.

Doch bevor du dieses Buch zuklappst und mich als heuchlerischen Anti-Buddha abstempelst, lass mich bitte ausreden. Obwohl ich Millionen von Menschen *Meditation* lehre, trifft dieses Wort meinem Gefühl nach nicht ganz den Kern der Sache.

Ich habe diese Sequenz »6-Phasen-Meditation« genannt, und du wirst dieses Wort zigmal im Buch lesen, aber das liegt nur daran, dass es kein anderes umfassendes Wort gibt, das den Prozess besser umschreibt. Oder zumindest auf eine Weise beschreibt, die alle verstehen werden und/oder mit der alle in Resonanz gehen können.

Und, ganz ehrlich, ich möchte, dass die Menschen, die daran interessiert sind, inneren Frieden zu finden und ein besseres Leben zu führen, dieses Buch kaufen.

Soweit ich gesehen habe, googeln die meisten Leute, *wie man Meditation praktiziert,* und nicht, *wie man sich mit variablen, vielfältigen psychospirituellen, transzendenten Geistestrainingstechniken beschäftigt.*

Kannst du mir das also übelnehmen?

»Meditation« klingt knackiger, die Bezeichnung ist aber zu allgemein, ganz zu schweigen von der Stigmatisierung.

Es ist so ähnlich wie mit dem Wort »Sport«. *Sport* ist der Oberbegriff für Ausdauertraining, Krafttraining, Aerobic, Yoga, Schwimmen, Wandern, Trampolinspringen und sogar Pole-Dancing, so wie *Meditation* ein Oberbegriff für eine ganze Reihe von mentalen, sehr differenzierten Protokollen bzw. Abläufen ist. So wie viele Menschen das Wort »Sport« nicht mögen, weil es Bilder von engen elastischen Klamotten, Schweiß und scheuernden Oberschenkeln hervorruft, schreckt auch das Wort »Meditation« viele Menschen sofort ab. Doch Sport kann so viel mehr sein als Zumba, und Meditation ist so viel mehr als Mantras und Weihrauch.

Außerdem müssen diejenigen, die Sport treiben, nicht unbedingt »Size zero«, also Kleidergröße XXS bzw. 32, tragen, und diejenigen, die meditieren, müssen keine gebetsperlentragenden New-Age-Hippies sein, die jedem *ein paar Sekunden zu lange* in die Augen starren (auch wenn ich persönlich nichts dagegen habe; versteh mich nicht falsch).

Noch ein paar Worte zu dieser Sport-Analogie: Sicherlich ist Zumba gut für dich, aber wenn du Muskelmasse in deinen Armen aufbauen willst, ist es wahrscheinlich nicht der beste Weg. Dafür musst du Gewichte heben.

Willst du beispielsweise mit Meditation deinen Serotoninspiegel (Serotonin, das berühmte Glückshormon) schnell erhöhen, wirst du das wahrscheinlich nicht schaffen, indem du deinen Kopf frei machst. Versuch es stattdessen einmal mit einer Dankbarkeitsmeditation.

Möchtest du dich geliebt fühlen und selbst mitfühlend sein? Es geht nichts über eine kleine Meditation der liebevollen Güte.

Du willst deine Verkaufsziele erreichen? Probier es mit kreativer Visualisierung.

Du verstehst bestimmt, worum es geht. Radikal unterschiedliche Formen der Meditation bewirken unterschiedliche Dinge. Du musst wirklich selektiv vorgehen, wenn du dir eine Meditationsform auswählst, je nachdem, an welchem Punkt du stehst und was du willst.

Und genauso habe ich die sechs verschiedenen Phasen konzipiert; ich habe sozusagen die Rosinen aus den besten meditativen Praktiken herausgepickt, damit du aus deiner täglichen menschlichen Erfahrung mehr herausholen kannst.

Meditation – damals und heute

Einer der größten Fehler als Meditationsanfänger besteht darin, sich ohne vorheriges Training in eine sehr alte, sehr spezifische Meditationstechnik zu stürzen. Und so geht es einem am Ende mies. Man sucht auf YouTube nach »geführten Meditationen«, um gegen seine Ängste anzugehen, und pickt wahllos eine heraus. Und schon nach ein paar Sekunden wird man von der unheimlich klingenden, hingehauchten Stimme abgeschreckt, die einem sagt, man solle sich *einfach entspannen.*

Man lässt sich von dem kitschigen Bild auf dem Bildschirm und den nervtötenden, sich ständig wiederholenden Panflöten ablenken. Man versucht den Kopf frei zu bekommen, denkt aber nur noch daran, was es zum Abendessen gibt. Wenn die 15 Minuten um sind, ist man gestresster als vorher. Und warum? Weil man meint, man mache es falsch und der Geist könne einfach nicht zur Ruhe kommen. Und so kommt man zu dem Schluss, Meditation sei eben nichts für einen persönlich, und versucht es nie wieder.

Und warum sollte man auch? Wenn du dich bei einem Tinder-Date mit jemandem verabredet hast, der dich zu Tode gelangweilt hat, der überhaupt nicht so aussah wie auf den Bildern und der dich die ganze Zeit über subtil runtergemacht hat, weil du das mit dem Dating nicht wirklich draufhast – warum zum Kuckuck solltest du diese Person dann wiedersehen wollen?

So ist es auch mit dem Meditieren. Man sagt dir, dass du dich dadurch besser fühlst, aber diese Erwartung wird nicht erfüllt. Also sch* auf das Tinder-Date. Sch* aufs Meditieren.

Ich weiß das, weil ich es selbst erlebt habe. Glaub mir, es ist nicht notwendig, im Lotussitz den Geist zu klären und sich auf den Atem zu konzentrieren, um von den wahren Vorteilen der Meditation zu profitieren.

Um wirklich zu verstehen, was bei der Einführung einer alten asiatischen Praxis im Westen schiefgelaufen ist, lohnt es sich wahrscheinlich, ihre Ursprünge zu erforschen.

Meditation ist uralt und vor Jahrtausenden in Indien entstanden. Und sie entfachte echte Begeisterung. Die Menschen waren damals so begeistert davon, dass die Praxis schnell von den Nachbarländern übernommen wurde. Sie verbreitete sich wie ein Lauffeuer und wurde Teil vieler Religionen, die wir heute auf der ganzen Welt kennen, unter anderem Hinduismus und Buddhismus. Meditation war ein Mittel, um inneren Frieden zu erlangen und sich mit einer höheren Wahrheit zu verbinden. Sie wurde praktiziert, um die Verbindung mit *saṃsāra,* der physischen Welt, zu kappen, um sich mit dem wahren Selbst zu verbinden. Um *Erleuchtung* zu erlangen.

Aber die Art und Weise, wie die Menschen in Indien vor etwa 3000 Jahren meditierten, unterscheidet sich *sehr* von der Art und Weise, wie die meisten Menschen heute meditieren müssen.

Heute hast du nicht mehr den Luxus, dass du deinem Dorf von jetzt auf gleich den Rücken kehren kannst, um dir eine gemütliche Höhle zu suchen und dort sechs Monate lang zu bleiben, wenn die Lage schwierig wird. Heute kannst du dich nicht mehr darauf verlassen, dass deine Gemeinschaft deine Kinder ernährt, während du *»Om Shanti«* singst. Heute kannst du nicht einfach einen Zettel an deine Hüttentür kleben, auf dem steht: »Ich meditiere irgendwo in den Bergen, weiß nicht, wann ich zurückkomme!«

Du kannst nicht einfach abhauen. Nicht, wenn du gesunde Beziehungen aufrechterhalten willst (ganz zu schweigen von einem gesunden Kontostand). Heutzutage ist das Leben anders.

Das soll nicht heißen, dass man heute nicht dieselben Vorteile der Meditation genießen kann wie vor ein paar Tausend Jahren. In der Tat brauchen wir sie heute mehr denn je. Seit 2012 hat sich die Zahl der Menschen, die Meditation praktizieren, verdreifacht,[3] und das ist sowohl völlig nachvollziehbar als auch wirklich positiv.

Aber wir verstehen das irgendwie falsch. Wir verfehlen das Ziel, weil wir versuchen, diese klösterlichen Praktiken im Chaos des modernen Lebens nachzuvollziehen, und uns dann selbst fertigmachen, wenn wir damit scheitern. Das ist wie der Versuch, einen eckigen Pflock in ein rundes Loch zu stecken.

Wie ich ja zu Beginn dieses Kapitels gesagt habe, bin ich kein großer Fan des Wortes *»Meditation«*. Genau das ist der Grund dafür. Denn wenn der moderne Mensch dieses Wort hört, denkt er an klösterliche Praktiken. Und das kann den ganzen Prozess von vornherein zunichtemachen.

Ich ziehe den Ausdruck *»transzendente Praxis«* vor. Das ist im Wesentlichen jede Praxis, die dich von deiner physischen Außenwelt weg und nach innen führt. Mit »nach innen« meine ich, dass man die physische Welt ausblendet und seine Aufmerksamkeit nach innen auf den Geist und die Seele richtet. Und das ist wichtig, denn wir leben in einer Welt, die aktiv versucht, uns genau davon abzuhalten. Warum? Weil jemand, der alles, was er braucht, in sich trägt, keinen Gewinn bringt, stimmt's?

Was ist die 6-Phasen-Meditation?

Die 6-Phasen-Meditation ist eine transzendente, 15- bis 20-minütige Praxis, die ich speziell entwickelt habe, um sogenannte Gipfelzustände herbeizuführen. Die 6-Phasen-Meditation vereint sechs der kraftvollsten Praktiken zur Förderung der geistigen Gesundheit in einem einheitlichen Ansatz für den modernen Menschen.

Am besten finde ich an der 6-Phasen-Meditation, dass jeder und jede sie *ganz leicht* praktizieren kann. Sie erfordert keine besonderen Fähigkeiten. Aber genau wie beim Erlernen einer Kampfsportart, bei der man einen Schlag zehntausend Mal übt, bis er perfekt sitzt, zeigt die 6-Phasen-Meditation, wie man jede Übung bis zur Perfektion verfeinern kann; man muss sie nur beibehalten und vertiefen.

Lade die Mindvalley-App zur Unterstützung deiner Meditationsreise in deinem Appstore herunter.
Du erhältst die 6-Phasen-Meditation auch kostenfrei unter www.vishenlakhiani.de.
Sobald du die einzelnen Kapitel durchgearbeitet hast, kannst du direkt in die Meditations-Audioaufnahme für die jeweilige Phase eintauchen. Du wirst in jeder dieser Aufnahmen achtsam durch die sechs Phasen geführt. Mit dem Buch und den Audioaufnahmen kannst du deine Meditationspraxis festigen.

Wir werden später genauer auf die einzelnen Phasen eingehen, aber schon jetzt versichere ich dir, dass du mit jeder Sitzung dazulernst:

PHASE 1: Der Kreis der Liebe und des Mitgefühls
PHASE 2: Glücklichsein und Dankbarkeit
PHASE 3: Frieden durch Vergebung
PHASE 4: Eine Vision für deine Zukunft
PHASE 5: Deinen Tag meistern
PHASE 6: Die Segnung

Die 6-Phasen-Meditation ist zwar im Grunde tatsächlich eine »Meditation« (wie du inzwischen weißt, mag ich dieses Wort nicht), beruht allerdings auf fundierter Wissenschaft und auf persönlichen Studien. Du profitierst von allen Vorteilen der Meditation, ohne die ganze Verwirrung, den Stress und die überholten Regeln, die leider damit einhergehen.

Es ist im Grunde eine Zusammenstellung all dessen, was ich in über zwei Jahrzehnten durch Interviews mit mehr als tausend führenden Persönlichkeiten, die sich mit dem menschlichen Potenzial und dem menschlichen Denken befassen, gelernt habe.

Es ist die beste und einfachste Praxis, die es gibt, und die meisten Menschen, die sie ausprobieren, lieben sie. Ich weiß das, weil ich es an Millionen von Menschen getestet habe. Es gibt einen Grund, warum Sportler aller großen US-Sportmannschaften, von der NBA bis zur NFL, diese Praxis anwenden. Es gibt einen Grund dafür, dass Rockstars, Unternehmer, Hollywood-Schauspieler und die erfolgreichsten Menschen der Welt sich jeden Morgen hinsetzen und sich die Mühe machen, diese Meditation in ihre tägliche Routine einzubauen. Denn wie du sehen wirst, sobald du es ausprobierst, geht es bei der 6-Phasen-Methode nicht nur um spirituelle Zentriertheit (die du natürlich erreichst), sondern auch um Leistungsfähigkeit.

Sie wirkt sich aktiv auf die Art und Weise aus, wie du dich in der Welt zeigst, damit du dazu beitragen kannst, sie besser zu machen.

Also rein in deinen bequemen Homedress und mitmachen! Erfahrung, Gebetsperlen, Keuschheitsgelübde, Gesänge oder Weihrauch sind nicht nötig.

Für diejenigen, die keine Meditationsanfänger sind

Ich möchte an dieser Stelle einmal all den hartgesottenen Meditierenden da draußen Respekt zollen. All denjenigen, die sich jahrelang mit traditioneller Meditation beschäftigt haben, einen Kredit aufgenommen haben, um in einen Ashram in Indien zu gehen, all denjenigen, die jetzt wahrscheinlich ein bisschen sauer auf mich sind.

Bitte nicht! Jede einzelne Meditation, die du praktiziert hast, hat dir gutgetan, und diesen Nutzen möchte ich keinesfalls herabwürdigen. Wir gehen das ganze Konzept nur auf eine etwas andere, modernere Weise an. Auch du bist genau am richtigen

Platz! Denn mein Ziel ist es, die 6-Phasen-Methode *Milliarden* von Menschen näherzubringen, und dafür müssen wir das ganze Kauderwelsch und die Technik für alle greifbar und verständlich machen. Niemand soll dabei auf der Strecke bleiben.

Komplexität sollte niemals mit Effektivität verwechselt werden. Und die 6-Phasen-Technik ist eben effektiv, vollständig optimiert und ein kraftvolles mentales Training. Man braucht keine besonderen meditativen Fähigkeiten, um von den unzähligen Vorteilen zu profitieren. Du musst dich also nicht in die Berge absetzen und an einem zehntägigen Meditations-Retreat teilnehmen, um Frieden zu finden (wenn das allerdings dein Ding ist, dann genieße bitte weiterhin diese Ruhepausen – auch ich genieße ab und zu ein schönes Retreat). Du musst dich nicht stundenlang in den Lotussitz zwingen und dir dabei die Knie verbiegen. Alles, was du brauchst, sind 15 bis 20 Minuten Zeit und ein bequemer Platz.

Beim Meditieren gibt es die Regel »Je länger, desto besser«, doch das ist ein Mythos. Mit dem richtigen mentalen Training kannst du in einem Bruchteil der Zeit von den gleichen – ja, *den gleichen!* – Vorteilen profitieren.

Das Modell der minimalen effektiven Dosis für Meditation und Sport

Die 6-Phasen-Meditation ist so etwas wie ein Tabata-Training. Schon mal davon gehört?

Tabata wurde der Welt Anfang der 2010er-Jahre von japanischen Wissenschaftlern präsentiert, und für Fitness-Junkies ist das Training seitdem nicht mehr dasselbe. Das Prinzip dahinter lautet: Vier Minuten intensives Training können die gleichen Vorteile bringen wie ein einstündiges, langsameres Training. Es geht um die minimale effektive Dosis für maximale Ergebnisse.

Warum solltest du eine Stunde deines ohnehin schon hektischen Tages damit zubringen, mit anderen Teilnehmern in einem Kurs elendig zu schwitzen, wenn du zu Hause in 4 Minuten die gleiche Menge an Bauchfett verlieren kannst? Warum 10 Tage (und alles Geld, was du übrig hast) für ein Meditations-Retreat ausgeben, wenn du mit der kostenlosen 6-Phasen-Meditation die gleichen Vorteile erzielen und dein Wohlbefinden verbessern kannst?

Die 6-Phasen-Meditation am Beispiel eines Computerspiels aus den 1980er-Jahren verstehen

Die meisten von uns haben schon einmal Computerspiele gespielt, oder? Für mich, der ich in den 1980er-Jahren aufwuchs, waren sie in meiner Kindheit mein *Leben.* Eines der besten war *»Rings of Zilfin«*. Jeden Tag nach der Schule schnappte ich mir die Diskette und verwandelte mich in eine kleine Figur namens Reis, die auf dem winzigen Bildschirm meines unförmigen Desktops vor Begeisterung auf und ab hüpfte. Ich hatte eine sehr, sehr wichtige Aufgabe zu erledigen.

Vor langer Zeit errichteten die Zilfins (ein mächtiges Volk von Zauberern) im Land Batiniq nämlich ein verzaubertes Reich des Friedens und des Wohlstands. Sie erschufen zwei Ringe von großer Macht, die, wenn man beide trug, den Träger unbesiegbar machten. Unglücklicherweise hatte der böse Lord Dragos einen dieser Ringe gefunden, und mit seinen beeindruckenden schwarzmagischen Künsten zapfte er unglaubliche Kräfte an und machte sich daran, Batiniq zu plündern. Sollte er den zweiten Ring finden, war es um das Universum geschehen.

Wer war das einzige kleine Kerlchen, das zwischen Lord Dragos und der Weltherrschaft stand? Das war *ich!*

Meine Figur, Reis, war ein kleiner Junge, der die Aufgabe hatte, sich auf die edle Suche nach den Zilfins (und dem berüchtigten zweiten Ring) zu machen. Dann, und nur dann, würde er mit seinen magischen Fähigkeiten Lord Dragos ein für alle Mal töten.

In der Rolle des unscheinbaren Reis musstest du durch dieses flippige 80er-Jahre-Computerland reisen und unterwegs diverse magische Fähigkeiten erlernen. Denn um sich dem bösen Lord Dragos zu stellen und der Retter in der Not zu sein, brauchtest du natürlich besondere Kräfte. Also wurde immer weitergespielt, um ständig verschiedene Aspekte deiner Figur zu verbessern und dich entsprechend vorzubereiten. Reis musste in Sachen Tempo, Charisma, Waffen, Goldvorrat und Zaubersprüche zulegen, um überhaupt eine Chance zu haben.

Nun, als Zwölfjähriger fand ich dieses Spiel fantastisch – aber irgendwann wurde es mir langweilig. Ich war ein ungeduldiges Kind und wollte einfach nur schnell Batiniq retten, zur Feier des Tages einen Schokomilchshake trinken – und Schluss damit. Also habe ich das Spiel gehackt. Mein jüngeres Ich brachte sich in seiner Freizeit selbst das Programmieren bei und fand heraus, welche Variablen im Code ich knacken konnte, um Reis unbegrenzte und besondere Fähigkeiten zu verleihen.

Schließlich habe ich das Durchhaltevermögen meiner Figur exponentiell erhöht. Ich verdreifachte die Menge an Gold, die ich in meinem Sack hatte, nur so zum Spaß. Meine Kraft vervierfachte ich. Und die Genauigkeit meines Pfeils und Bogens wurde buchstäblich auf die Spitze getrieben. Und selbstverständlich verbesserte ich auch meine Ausstrahlung um 30 Prozent, nur für den Fall, dass zufällig ein paar hübsche virtuelle Damen vorbeischauten.

Triumphierend brachte ich dann ganz mühelos die verschiedenen Stufen hinter mich, tötete Lord Dragos, beendete das Spiel und genoss meinen Schokoladenmilchshake.

Als ich älter wurde, kam mir ein Gedanke: Könnten die *»Ringe von Zilfin«* ein kluges Spiegelbild des persönlichen Wachstums sein?

Was für Reis galt, gilt für uns alle in der realen Welt. So wie Reis Schnelligkeit, Zaubersprüche, Gold und tolle Waffen brauchte, um sich so weit zu optimieren, dass er die Aufgabe meistern und gewinnen konnte, müssen wir, wie ich mir dachte, im wahren Leben das Gleiche tun, um eine Chance auf Erfolg zu haben.

Wir brauchen natürlich *andere* Fähigkeiten, um im modernen Leben zu gewinnen (du kannst also ruhig die Axt beiseitelegen).

Wie viele?

Genau: sechs!

Wir brauchen alle sechs Elemente der 6-Phasen-Meditation, um den ultimativen Preis eines zutiefst erfüllten Lebens zu gewinnen. So können wir, wenn wir am Ende unseres persönlichen Spiels als menschliche Wesen ankommen, das Gefühl haben, unsere Aufgabe erfolgreich gemeistert zu haben.

2012 entwickelte ich ein einfaches Rahmenwerk, nannte es »6-Phasen-Meditation« und begann damit, sie jeden Tag zu praktizieren, um mich selbst zu verbessern.

Als Freunde mich baten, die Meditation anderen zugänglich zu machen, stellte ich sie einfach mal auf YouTube ein. Und dann ging es so richtig ab.

Einführung in die 6-Phasen-Meditation

Die 6-Phasen-Meditation ist also ein weiteres Beispiel für meine Hacking-Eskapaden, aber dieses Mal geht es weniger darum, Lord Dragos zu töten, sondern vielmehr darum, die Hindernisse aus dem Weg zu räumen, die zwischen dir und deinem bestmöglichen Leben stehen.

Diese sechs Qualitäten machen uns zu den außergewöhnlichsten Versionen unserer selbst im gegenwärtigen Moment und geben uns auch die Werkzeuge an die Hand, die wir für eine großartige Zukunft brauchen. Und ohne Lord Dragos, alias die pessimistische, gestresste, engstirnige Stimme, die uns runterzieht, *kann uns niemand mehr aufhalten.*

Genauso wie Reis seine Superkräfte gesammelt hat, sammelst du während der 6-Phasen-Meditation die folgenden Kräfte:

Phase 1: Der Kreis der Liebe und des Mitgefühls

Wir erreichen dies mit einem Protokoll zur Aktivierung von tiefer Liebe und Verbundenheit. Das ist ein enorm mächtiges Werkzeug, das nicht nur deine Verbindung zu dir selbst verbessern wird, sondern auch deine Beziehungen zu anderen Menschen und zur Welt an sich. Dieses Protokoll macht dich zu einem freundlicheren, netteren Menschen. Alle Menschen brauchen etwas Liebe und Mitgefühl in ihrem Leben (egal, wie sehr sie das abstreiten), deshalb nimmt die Kategorie »Mitgefühl« einen Ehrenplatz in der ersten offiziellen Phase ein.

Phase 2: Glücklichsein und Dankbarkeit

Bei jedem Üben wird deine »Glückslatte« um eine Stufe nach oben gesetzt.

Das Geheimnis des Glücklichseins ist Dankbarkeit. Dankbarkeit ist das ultimative Mittel gegen das »Mangel-Denken« und hat Vorrang vor allen anderen mentalen Übungen. Sie steigert die Energie, reduziert Ängste, verbessert den Schlaf und ist manchen Studien zufolge die menschliche Eigenschaft, die am stärksten mit dem Gefühl des Wohlbefindens einhergeht.[4]

Es ist zwar wichtig, sich Ziele für die Zukunft zu setzen, aber genauso wichtig ist es, innezuhalten und wertzuschätzen, was man bisher erreicht hat.

Phase 3: Frieden durch Vergebung

Dadurch wird dir eine große Last von den Schultern genommen, und du kannst dein Leben als stärkerer, besserer und resilienterer bzw. widerstandsfähigerer Mensch weiterführen.

Mit der Welt und den Menschen um dich herum in Frieden zu sein, ist eine der effektivsten Methoden, um die *Blissipline* (engl. *»bliss«*, dt. Glückseligkeit) – soll heißen: die Disziplin zum Schutz deiner Glückseligkeit – beizubehalten und *»unfuckwithable«* zu werden, also unangreifbar in deiner eigenen Mitte zu ruhen (mehr zu dieser Vorstellung in Kapitel 3).

Vergebung ist eine Superkraft. Wie Forschungen inzwischen aufzeigen, kann Vergebung darüber hinaus unerwartete und tiefgreifende gesundheitliche Vorteile bewirken, unter anderem weniger Rückenschmerzen,[5] höhere sportliche Leistungsfähigkeit, ein gesünderes Herz und ein stärkeres Gefühl inneren Friedens.

Phase 4:
Eine Vision für deine Zukunft

Eine Vision zu haben, die dich antreibt – ein Bild davon, wie du dein Leben entfalten möchtest –, verleiht ungeheure Energie. In dieser Phase kannst du deinen langfristigen Plan zur Verfolgung deiner Ziele weiterentwickeln und die Vision des Lebens entdecken, das du wirklich leben willst (und dir wird zudem geholfen, es zu manifestieren).

In dieser Phase lernst du, wie du durch Visualisierung eine emotional intensive, detaillierte Vision deiner Zukunft entwerfen und sie in die Realität umsetzen kannst.

Phase 5:
Deinen Tag meistern

Das gibt dir das Gefühl, den kommenden Tag meistern zu können, und hilft dir, alles zu erreichen, was du erreichen willst. Deine Zukunftsträume werden in umsetzbare Schritte heruntergebrochen, die du sofort in Angriff nehmen kannst.

Wenn du siehst, wie sich dein perfekter Tag entfaltet, stimmst du das retikuläre Aktivierungssystem (RAS) deines Gehirns darauf ein, die bevorstehenden positiven Dinge wahrzunehmen und nicht das, was schieflaufen könnte.

In dieser Praxis steckt aber auch ein starkes spirituelles Ideal, das zu schnellerer Manifestation, Glück und Synchronizität im Alltag führt. Mehr dazu in Kapitel 5.

Phase 6:
Die Segnung

Dazu verbinden wir uns mit einer höheren Macht. Das wird dir tief im Innern ein stärkeres Gefühl geben, Teil eines wohlwollenden Universums zu sein, in dem Wissen, dass du nicht allein bist und das Leben an sich deine Ziele unterstützt.

Du kannst von dieser letzten Phase profitieren, ganz egal, ob du nun ein spiritueller Mensch bist oder nicht. Wenn du an eine höhere Macht glaubst, kannst du sie anrufen und ihren Segen einholen – ein schöner Abschluss der Meditation. Falls du nicht daran glaubst, kannst du dir vorstellen, deine innere Kraft anzurufen. Das war's, ganz einfach. Es dauert nur 30 Sekunden. Es ist sozusagen das Sahnehäubchen einer wunderbaren Erfahrung.

Die Kunst, die Realität zu beugen: Wie Gegenwart und Zukunft verschmelzen

Die 6-Phasen-Meditation ist, wie bereits erwähnt, nicht willkürlich aufgebaut.

Vielleicht hast du es schon gemerkt; wenn nicht, zeigt dir ein Blick auf die sechs obigen Abschnitte, dass sich die ersten drei Phasen auf Vergangenheit und Gegenwart und die letzten drei auf die Zukunft fokussieren.

Die ersten drei Phasen stellen die **»Säule des Glücks«** dar, wie ich das nenne. Es gibt nichts Besseres als die Praktiken des Mitgefühls, der Dankbarkeit und der Vergebung, um deine Freude im Jetzt zu fördern und dich von den Fesseln der Vergangenheit zu befreien. Diese Praktiken fördern den inneren Frieden und ermöglichen es dir, dich auf ein tiefes Gefühl der

Ganzheit einzustimmen und dich von Negativität und allem, was dich an deine Vorurteile bindet, zu befreien.

Hinzu kommt die zweite Säule. Für eine optimale menschliche Erfahrung brauchen wir unbedingt die Stärke beider Säulen.

Die Phasen 4, 5 und 6 bilden die **»Säule der Vision«.** Sie besteht aus deinem tiefsten intuitiven Wissen dahingehend, in welche Richtung du dein Leben lenken möchtest.

Es geht darum, wer du werden willst, wie du dich fühlen willst, was du erreichen willst, welche Erfahrungen du machen willst und welchen Beitrag du leisten willst. Es geht darum, was du zurücklassen möchtest, wenn du diese Welt verlässt.

Zusammengenommen sehen die sechs Phasen wie folgt aus:

Phase	
1. Liebe & Mitgefühl	Säule des Glücks
2. Glücklichsein & Dankbarkeit	
3. Vergebung	
4. Vision für die Zukunft	Säule der Vision
5. Der perfekte Tag	
6. Segnung	

Hier ist ein Gedicht, das ich sehr mag. Es beschreibt, wie diese beiden Säulen in einem gut gelebten Leben zusammenwirken. An seinem 86. Geburtstag, der schon fast ein Jahrhundert zurückliegt, schrieb John D. Rockefeller Sr. ein Gedicht, das perfekt widerspiegelt, wie sich das Leben anfühlt, wenn man diese Vorstellung von Zufriedenheit im gegenwärtigen Moment und der Arbeit an seinen Zielen verinnerlicht hat:

»I was early taught to work as well as play;
My life has been one long, happy holiday—
Full of work, and full of play—
I dropped the worry on the way—
And God was good to me every day.«

»Mir wurde schon früh beigebracht,
sowohl zu arbeiten als auch zu spielen.
Mein Leben war ein einziger langer,
glücklicher Urlaub – voller Arbeit und Spiel.
Ich ließ die Sorgen auf dem Weg fallen.
Und Gott war jeden Tag gut zu mir.«

< John D. Rockefeller Sr. >

Klingt toll, oder?

Finde die Balance zwischen deiner Säule des Glücks und deiner Säule der Vision, dann stolperst du über das Geheimnis des Lebens an sich – das Geheimnis, das Rockefeller zu einem der reichsten Männer der Menschheitsgeschichte machte. Und zwar »reich« im wahrsten Sinne des Wortes.

Das Problem dabei: Nur bei sehr wenigen Menschen sind beide Säulen völlig stabil, und so tappen wir in Fallen, aus denen wir nur schwer wieder herauskommen.

Die Negativspirale, die Falle der gegenwärtigen Wirklichkeit und die Angst-Ecke

Diese Überschrift sieht aus wie eine seltsame Abwandlung eines Romans von C.S. Lewis, stimmt's? Dieser Teil ist entscheidend, um verstehen zu können, wie wichtig es ist, beide Säulen deines Lebens gleichermaßen zu stärken.

Schau dir einmal die folgende Grafik aus meinem Buch *»Definiere dich NEU«* an.[6] Nimm dir ein bisschen Zeit und überlege, an welchem Punkt du dich wohl gerade befindest.

DIE VIER ZUSTÄNDE MENSCHLICHEN LEBENS

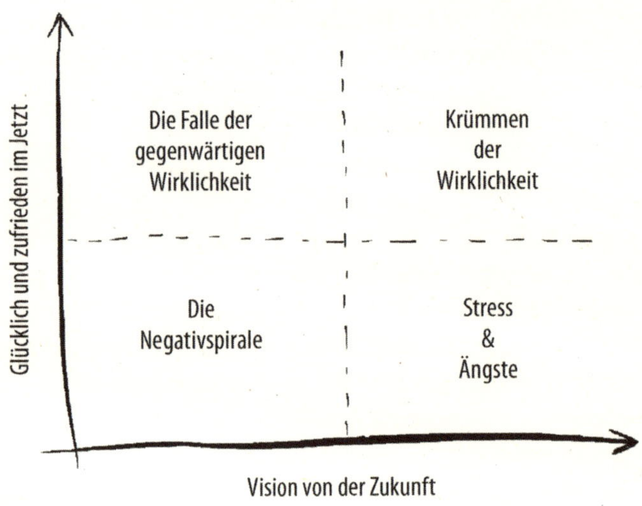

Wenig Glück und Zufriedenheit, wenig Visionen: die Negativspirale

Bist du mit deinem jetzigen Leben unzufrieden und hast keine Vision für die Zukunft? Dann gerätst du in die Negativspirale. Diese Verfassung ist leider die gefährlichste von allen und bietet den perfekten Nährboden für Depressionen und Apathie.

Viel Glück und Zufriedenheit, wenig Visionen: die Falle der gegenwärtigen Wirklichkeit

Andere Menschen sind ein bisschen besser dran. Sie schließen Frieden mit ihrem Leben, so wie es ist. Sie können das Leben im Hier und Jetzt genießen und sich an den kleinen Dingen erfreuen, und das ist toll! Sie haben ihre Säule des Glücks gefestigt ..., aber leider ihre Säule der Vision aufgegeben. Deshalb geraten sie in die Falle der gegenwärtigen Wirklichkeit.

Ich sehe das als eine Falle, denn das Glück ist flüchtig und schwankt, je nachdem, was im Moment passiert.

Wahre Erfüllung besteht aus Zufriedenheit *und* einer Vision. Nur wenn du eine Vision hast, kann dein Glück der Menschheit immer mehr zugutekommen. Wenn du nicht weißt, was du mit deinem Leben anfangen willst oder welche Spuren du in der Welt hinterlassen möchtest, schwimmst du sozusagen lediglich in deinem eigenen Leben mit, bist dem Fluss ausgeliefert, und deine Verfassung hängt völlig von den Gezeiten ab. Du bist ein Stück Treibholz.

Zugegeben, ein Stück insgesamt *zufriedenes* Treibholz, aber eben trotzdem ein Stück Treibholz.

Wenig Glück und Zufriedenheit, große Visionen: die Angst-Ecke

Wieder anderen Menschen fehlt eine starke Säule des Glücks, doch sie haben eine Vision. Sie sind vielleicht im Moment unzufrieden, haben jedoch den brennenden Wunsch nach Veränderung, danach, dass die Dinge anders werden. Dass sie motiviert sind, ist großartig, allerdings geraten sie leider oft in die Angst-Ecke.

Konzentrierst du dich ständig auf die Zukunft und erwartest dort dein Glück, bist du in der Gegenwart chronisch unglücklich. Das nennt man das »Paradoxon der Intention«. Paradox, weil deine Intention, glücklich zu sein, dich ... unglücklich macht.

Je unglücklicher du bist und je schlechter die Stimmung in deinem Alltag ist, desto weniger wirst du ironischerweise deine Ziele erreichen.

Unternehmer, die immer auf der Suche nach dem nächsten großen Verkaufserfolg sind, Studierende, die Höchstnoten anstreben, und verzweifelte Singles auf der Suche nach Liebe sind einige der besten Beispiele.

Wenn sie doch nur wüssten, dass das Glücklichsein im gegenwärtigen Moment die fehlende Zutat ist, um sie schnell ihren Zielen näher zu bringen!

Der Psychologe Shawn Achor zitiert in seinem Buch *»The Happiness Advantage«*[7] [dt. Ausg.: *»Das Happiness-Prinzip: Wie Sie mit 7 Bausteinen der Positiven Psychologie erfolgreicher und leistungsfähiger werden«*] einige unglaubliche Studien, die belegen, wie unser Glücksniveau unsere Leistung bestimmt. Laut Achor zeichnen sich glückliche Menschen durch folgende Merkmale aus:

1. Sie können ihre Träume viel eher verwirklichen.
2. Sie sind viel bessere Ärzte, da sie Diagnosen stellen, die 19 Prozent genauer sind als das standardmäßig der Fall ist.
3. Sie sind unglaubliche Verkäufer und machen 50 Prozent mehr Umsatz als der Durchschnitt.
4. Sie schneiden bei akademischen Prüfungen besser ab als unglückliche Studierende.

Wenn du also in der Gegenwart glücklich bist, hat das keine nachteiligen Auswirkungen auf deine Träume – nein, ganz im Gegenteil.

Wenn du mit deinem jetzigen Leben glücklich und zufrieden bist und es auch wertschätzt (Festigung der Säule des Glücks) und außerdem einen guten Plan dahingehend hast, in welche Richtung dein Leben in Zukunft gehen soll (Aufbau der Säule der Vision), erreichst du die letzte Kategorie im Diagramm: das Krümmen bzw. Beugen der Realität.

Großes Glück und Zufriedenheit, große Vision: die Realität beugen

Ich habe diese Kategorie »Beugen (bzw. Krümmen) der Realität« genannt, weil sich das Leben, sobald man sich in diesen Bereich begibt, entsprechend der Person gestaltet, zu der man geworden ist.

Stell dir vor, du wachst jeden Morgen voller Dankbarkeit dafür auf, wie dein Leben jetzt ist, und deine Visionen für die Zukunft ziehen dich sanft aus dem Bett.

Du bist dir deiner Lebensaufgabe bewusst und unternimmst jeden Tag entsprechende Schritte, um sie zu erfüllen, während du voll und ganz in der Gegenwart lebst.

Du leistest einen Beitrag für die Welt und füllst gleichzeitig deinen eigenen Becher.

Du bist stolz darauf, wie weit du gekommen bist, und kannst nachts ruhig schlafen, denn du weißt, dass es von hier aus nur noch aufwärts geht.

In dieser Verfassung fühlt sich das Leben anders an, fast magisch.

Du befindest dich im Flow – einem Zustand erhöhter Konzentration und Bewusstheit –, und Zufälle und Synchronizitäten geschehen in Hülle und Fülle. Die richtigen Menschen treten in dein Leben, und die Art und Weise, wie du dein Leben lebst, scheint vom Glück begünstigt zu sein. Auf dieser Stufe musst du einfach an etwas glauben, das größer ist als die physische Welt, denn Magie ist ein täglicher Teil deines Lebens.

Aber um an diesen Punkt zu gelangen, musst du dafür sorgen, dass deine Säule der Vision genauso stark ist wie deine Säule des Glücks. Und genau hier kommt die 6-Phasen-Meditation ins Spiel.

Wohlgemerkt: Bei dieser Meditation geht es nicht ums Meditieren!

Für mich hat die Perfektionierung dieser Praktiken oberste Priorität, nicht nur beim Meditieren, sondern auch in meinem Leben. Ich verdanke der 6-Phasen-Meditation die tiefen, innigen Beziehungen zu meinen Lieben und eine Karriere, auf die ich stolz bin. Dank der 6-Phasen-Meditation bin ich wirklich die meiste Zeit über ein ziemlich zufriedener Mensch.

Denn wie wir gesehen haben, geht es bei der Meditation nicht nur um die 15 Minuten, die man auf seinem Kissen sitzt, sondern um die wirklichen Veränderungen zum Besseren, die du an dir bemerkst, wenn du vom Meditieren aufstehst.

Niemand von uns ist perfekt, und unsere Schwachstellen bzw. Mängel (engl. *»flaws«*) machen uns, wie einmal jemand, der mir sehr nahesteht, bemerkte, *»flawsome«* (als Wortspiel zu *»awesome«*, d.h. »großartig, toll«), also zu einem tollen Menschen, der halt auch seine Macken hat. Es geht bei dieser Meditation nicht darum, unsere Schattenseiten zu verleugnen; vielmehr geht es darum, dass wir uns unseres inneren Idioten bewusster werden, sodass wir merken, wenn er auftaucht und bei uns selbst und den Menschen um uns herum Chaos anzurichten versucht.

Die Meditation, besonders die 6-Phasen-Meditation, sorgt dafür, dass du weiterhin den Weg zur höchsten Version deiner selbst einschlägst, dass du sozusagen auf dem »Pfad der Tugend« bleibst, dem direkten und schmalen Pfad zu deiner einzigartigen Vision der Zukunft, deinen Träumen, deinen Werten und deinen Wünschen. Kurz gesagt ist diese Meditationssequenz, wenn ich das so sagen darf, etwas verdammt Tolles!

Und ich freue mich, dass du dich ans Meditieren machst und von den unglaublichen Vorteilen profitieren kannst, ohne nach unrealistischer geistiger Klärung zu streben.

Auf diesen Punkt wollen wir an dieser Stelle näher eingehen.

Warum du während der 6-Phasen-Meditation nicht den Kopf frei machen musst

Bei den meisten Meditationspraktiken geht es auf die eine oder andere Weise vor allem darum, den Geist zu klären oder zumindest zur Ruhe zu bringen.

Ich weiß nicht, wie es dir damit geht, aber ich fand das schon immer ein bisschen komisch. Es kann sich natürlich wirklich gut anfühlen, den Pausenknopf zu drücken und gnadenlose Gedankenmuster zu unterbrechen, das will ich keineswegs bestreiten. Aber wie die Mindvalley-Meditationstrainerin Emily Fletcher sagt: »Den Geist zu bitten, mit dem Denken aufzuhören, ist so, als würde man sein Herz bitten, zu schlagen aufzuhören.«

Das Denken an sich hat in vielen spirituellen Praktiken einen ziemlich schlechten Ruf, und das Ego wird oft verteufelt. Aber wenn sich dein Geist nicht zähmen lässt, während du auf deinem Meditationskissen sitzt, heißt das nicht, dass du etwas falsch gemacht hast.

Schließlich wird der Geist in alten buddhistischen Schriften nicht ohne Grund als »betrunkener Affe, der von Ast zu

Ast springt« beschrieben. Der Geist ist darauf ausgelegt, so zu sein – so ist er nun einmal. Es lohnt sich zwar durchaus, sein Gehirn darauf zu trainieren, ein bisschen zur Ruhe zu kommen, aber es gibt nicht nur eine einzige Möglichkeit, das zu erreichen. Deinem Kopf einfach zu sagen, er solle »aufhören zu denken«, hilft da nicht weiter, stimmt's?

Daher ist die 6-Phasen-Meditation so kompakt aufgebaut. Wir versuchen nicht, die Gedanken auszublenden, sondern machen uns die Kraft der Gedanken zunutze, um von den wahren Vorteilen der Meditation profitieren zu können. Wir töten den Affen nicht, um an seine Bananen zu gelangen. Wir trainieren ihn, sie für uns zu ernten. Alles klar?

Emily Fletcher weiter: »Wenn wir verstehen, dass es beim Meditieren darum geht, gut im Leben zu werden – und nicht darum, gut im Meditieren zu werden –, und wenn wir die Realität akzeptieren, nämlich dass niemand seinem Geist den Befehl geben kann, es einfach sein zu lassen, dann ist er so viel unschuldiger, so viel spielerischer und macht so viel mehr Freude.«

So, und jetzt wollen wir loslegen.

Wie praktiziert man die 6-Phasen-Meditation?

Bist du bereit, dich selbst zu »hacken«, um deine Erfahrung hier auf der Erde zu optimieren?

Dann steht für dich die 6-Phasen-Meditation an.

Du kannst die 6-Phasen-Meditation sofort und kostenlos über die Mindvalley-App oder über die Website www.vishenlakhiani.de abrufen.

Wie gesagt, ist diese Meditation für absolut jeden Menschen geeignet; das ist eines ihrer besten Charakteristiken. Niemand bleibt auf der Strecke oder wird vergessen. Du brauchst weder besondere Fähigkeiten noch eine formale Ausbildung und schon gar keine Gebetsperlen.

Wir wollen ein für alle Mal mit den Klischees aufräumen. Ich beginne diesen Abschnitt mit einer Liste von Dingen, die man absolut *nicht* braucht, um »richtig« zu meditieren.

Vishens offizielle Liste der Dinge, die man *nicht* zu kaufen braucht, um richtig zu meditieren

- Gebetsperlen, wie schon gesagt
- Kristall-Klangschale aus Nepal
- Weihrauch (Mach mich ja nicht für dein Asthma verantwortlich!)

- Alles glutenfrei
- Yogamatte
- Yogasocken
- Yogahosen (Verstehst du? Meditation ist kein Yoga!)
- Yogablock
- Yogi-Tee (Obwohl ich natürlich eine Vorliebe für diese Tees habe ...)
- Kristalle
- CD mit tibetischem Kehlkopfgesang

Ich bin noch nicht fertig.

Vishens offizielle Liste der Dinge, die man *nicht* zu tun braucht, um richtig zu meditieren

- Lernen, wie man sich verrenken muss, um im Lotussitz auszuharren
- Sämtliche »unerleuchtete« Wesen aus seinem sozialen Umfeld entfernen
- Nach Indien gehen, um »sich selbst zu finden«
- Veganer bzw. Veganerin werden
- Einem Guru folgen (Verirre dich wegen mir bloß nicht in eine Sekte!)
- Sitzungen organisieren, bei denen man wildfremden Menschen in die Augen schaut
- Chakras in Balance bringen
- Sexuell enthaltsam werden

Du ... musst ... ÜBERHAUPT NICHTS ... tun.

Du brauchst einfach nur dich selbst. Hast du einen bequemen Platz zum Sitzen? Prima. Hast du ein Gehirn? Prima. Hast du etwa 20 Minuten Zeit? Prima. Dann bist du bereit.

Im Vergleich zu vielen dogmatisierten, klösterlichen Meditationen da draußen ist die 6-Phasen-Meditation ziemlich einfach gehalten. Und genau das war meine Absicht. Es ist wirklich bedauerlich, dass die Menschen, die Meditation am meisten brauchen (gestresste Leute mit einem Acht-Stunden-Job tagaus, tagein in unserer hektischen modernen Welt), von der Kultur, die oft mit Meditation einhergeht, abgeschreckt werden.

Wenn du Gebetskugeln, Weihrauch, Gesänge und Kräutertees magst – bitte schön, tu dir keinen Zwang an. An diesen Praktiken ist absolut nichts auszusetzen. Mir geht es hier darum, dass dergleichen für Meditation keine Voraussetzung ist. Vor allem nicht für *diese* Meditation.

Fangen wir ganz am Anfang an

... ein sehr guter Punkt zum Anfangen ...

1. Vergiss alles, was du über Meditation zu wissen meinst

Das Wichtigste zuerst – bevor du loslegst und dich von einer wohlklingenden Stimme in den Himmel befördern lässt: Vergiss zunächst alles, was du über Meditation zu wissen meinst.

Mit einer sehr offenen Anfängerhaltung einzusteigen, ist eine der wichtigsten, wenn auch nicht so bekannten Voraussetzungen, um aus jeder neuen Erfahrung möglichst viel herauszuholen.

Geh also mit der Einstellung eines Neulings heran, selbst wenn du das Gefühl hast, in Sachen Meditation schon alles erlebt zu haben.

Nach Meinung unseres Mindvalley-Gehirnexperten Jim Kwik können Menschen neue Informationen besonders deshalb nicht optimal aufnehmen, weil sie mit ihrem »Vorwissen« über das jeweilige Thema belastet sind. Spiele also die Aufnahme der 6-Phasen-Meditation ab, ohne Erwartungen an dich selbst zu haben.

2. Entscheide, wann du meditieren willst

Timing ist alles – besonders beim Meditieren. Deshalb solltest du überlegen, wann du die Meditation praktizieren möchtest. Meiner Meinung nach solltest du damit den Tag beginnen und gleich frühmorgens meditieren. Dafür gibt es mehrere Gründe.

Erstens geht es in Phase 5 darum, den vor dir liegenden Tag zu planen. Wenn du also erst um 20 Uhr meditierst, hast du nicht mehr viel von deinem »perfekten Tag«. Aber vor allem bist du nach einer morgendlichen Meditation gut gerüstet für die nächsten 24 Stunden, und das wird auch den Menschen um dich herum zugutekommen.

Fülle deinen »Vorrat« an Mitgefühl, Dankbarkeit, Vergebung, kreativer Visualisierung und spiritueller Verbundenheit auf, bevor du dich über dein morgendliches Omelett hermachst, und schon bist du auf der Gewinnerseite, stimmt's?

Zweitens befindet sich dein Gehirn morgens in einem perfekten Zustand (der Alpha-Frequenz) für optimales Meditieren, vor allem direkt nach dem Aufwachen. Das wissen wir, weil unsere Gehirnwellen aktiv beobachtet und mit einem sogenannten Elektroenzephalografen (auch EEG) aufgezeichnet werden können.

Beim späteren Meditieren – etwa am Nachmittag – muss das Gehirn vom Wachzustand (Beta) des Alltags zurück in diesen Ruhezustand (Alpha) versetzt werden, was für Neulinge ziemlich schwierig sein kann. Fängst du dagegen morgens als Erstes damit an, verschaffst du dir einen großen Vorteil, denn zu diesem Zeitpunkt befindest du dich von Natur aus in der Alpha-Phase.

3. Warne deine Mitbewohner vor

Wer allein lebt, kann diesen Teil überspringen, denn in diesem Fall wird man nicht gestört – man hat seine Ruhe und seinen Frieden.

Aber wenn man – wie ich – Kinder, Mitbewohner, eine liebevolle Partnerin bzw. einen Partner oder quirlige Haustiere hat, ist einem dieser Luxus versagt. Deshalb ist es immer eine gute Idee, denjenigen, mit denen man zusammenlebt, mitzuteilen, wann und wo man übt, und höflich darum zu bitten (oder zu betteln), nicht gestört zu werden.

Tu, was du dafür tun musst. Versprich deinen Kindern, danach mit ihnen zu spielen, oder deinem Partner bzw. deiner Partnerin, danach das Frühstück vorzubereiten. Hauptsache, sie akzeptieren, dass diese 15 bis 20 Minuten, die du dir zum Meditieren nimmst, für dich eine unantastbare Auszeit sind.

4. Entscheide, wo du meditieren willst

Dann gibt es noch die Frage zu lösen, *wo* man meditieren soll. Ich setze mich gerne im Bett auf, sobald ich aufwache, und meditiere dort. Ich schlage meine Beine übereinander und schiebe ein Kissen hinter meinen unteren Rücken, aber das musst du nicht so machen. Du kannst auch einfach die Beine ausstrecken und eventuell ein Kissen unter die Knie legen.

Hauptsache, die Wirbelsäule ist bequem aufgerichtet und der Kopf ist frei – das ist eine gute Meditationsposition, sei es nun auf dem Bett, Stuhl, Boden, wo auch immer. Zu Hause funktioniert es am besten, aber auch unterwegs, im Garten, im Park oder im Büro ist es machbar.

Bitte leg dich nicht hin, denn dann schlummerst du mit Sicherheit ein und dämmerst für 15 Minuten weg. Sobald du dich erst einmal daran gewöhnt hast, wirst du während der 6-Phasen-Meditation höchstwahrscheinlich nicht einschlafen, selbst wenn du ein bisschen müde bist. Dein Gehirn kennt dann den Unterschied zwischen Meditationszeit und einem Nickerchen. Setz dich also für den Anfang aufrecht hin, egal, wo du bist.

5. Schnapp dir dein Smartphone, öffne die 6-Phasen-Meditation oder lade sie unter www.vishenlakhiani.de herunter

So, jetzt machst du dich daran, die 6-Phasen-Meditation wirklich zu praktizieren und zu genießen.

Du hast dein Handy bei dir und öffnest die Meditation, um loszulegen. Ich empfehle dir, dir für beste Klangqualität einen hochwertigen Kopfhörer zuzulegen. Noch besser wird es, wenn du binaurale Beats (akustische Sinnestäuschungen mit zwei Tönen, die entstehen, wenn man auf dem linken und rechten Ohr unterschiedliche Frequenzen hört) oder entspannende Musik unterlegst. Alle Soundoptionen sind kostenlos in der App verfügbar.

Wenn du noch nicht mit der aktuellen Meditation gearbeitet hast, gibt es zwei Möglichkeiten, sie kostenlos zu bekommen:

Option 1: Die Mindvalley-App

Die Mindvalley-App ist bei Weitem der einfachste und beste Weg, um die 6-Phasen-Meditation zu nutzen. Lade die Mindvalley-App herunter und erstelle ein Konto (dort kannst du auch »Deutsch« als Sprache auswählen). Klicke dann unten links auf die Registerkarte »Kurse«. Das gesamte 6-Phasen-Meditationsprogramm, inklusive der Lektionen und Audioaufnahmen, wird mit dem Kauf

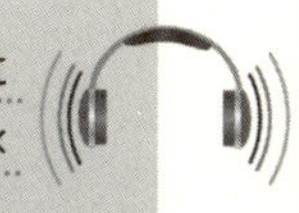

dieses Buches kostenlos bereitgestellt. Falls du es nicht auf Anhieb findest, gib oben in die Suchleiste »6 Phasen« ein und klicke dann darauf, um loszulegen.
Wer das Programm bereits abgeschlossen hat und sich nur die 6-Phasen-Meditation anhören möchte, klickt auf die Registerkarte »Meditationen« unten rechts und sucht dort direkt nach »6 Phasen«.
Hast du die 6-Phasen-Meditation gefunden, klickst du auf das Herzsymbol und machst sie so zu einem Favoriten, sodass sie automatisch angezeigt wird, sobald du am nächsten Tag in der App auf den Reiter »Meditationen« klickst. Du musst sie dann nicht mehr suchen.

Option 2: Die deutschsprachige Website www.vishenlakhiani.de

Hier findest du neben den einzelnen Protokollen der 6-Phasen-Meditation und der kompletten audiogeführten 6-Phasen-Meditation am Stück auch weiteres wertvolles Bonusmaterial. Unter anderem erhältst du:

- Vishens optimierte Morgenroutine. Lass dich von seiner Routine inspirieren und dir von ihm erklären, wie auch du 30 Tage im Jahr zurückbekommst.
- Details zum Konzept der *»Love Week«*. Lass dich von der Idee mitreißen und finde selbst Wege, wie auch du die Liebe an deinen Arbeitsplatz bringst.
- Einen Vortrag von Vishen Lakhiani, wie du deine persönliche und geschäftliche Vision mit *OKRs* vergrößerst (*OKR: Objective Key Results*, d.h. »Objektive Schlüsselergebnisse«).
- Und »Die drei wichtigsten Fragen« vertieft, mit Vishen Lakhiani.

6. Tief durchatmen und der Anleitung folgen

So, jetzt kannst du mit dem Meditieren anfangen. Du wirst von Anfang bis Ende durch die Meditation geführt. Du wirst dich gut zurechtfinden, da du ja vorab dieses Buch gelesen hast.

Und vergiss nicht: Du musst nicht bereits ruhig und gelassen sein, wenn du mit dem Meditieren anfängst; an diesem Punkt kommst du an, wenn die Audioaufnahme zu Ende ist. Also beginne dort, wo du gerade stehst. Mach so mit, wie du bist, und genieße diese ganz besondere Erfahrung.

7. Bewegung beim Meditieren – Bonusschritt

Bitte leide während dieser Meditation nicht in irgendeiner unbequemen Haltung vor dich hin, nur weil du sie »richtig« machen willst. Entgegen der landläufigen Meinung *muss* man beim Meditieren nicht stillsitzen. Ja, es fördert die Konzentration, aber Bewegung ist keineswegs verboten.

Wahrscheinlich hast du schon einmal Bilder von Klöstern in Indien gesehen, wo heilige Männer den ganzen Tag wie Statuen sitzen und in reiner Stille meditieren. Wirklich ein beeindruckender Anblick! Sie sind wunderschön und unbeweglich und nehmen weder Rücksicht auf das Wetter noch auf Geräusche, noch auf Insekten, die sich womöglich auf ihrer Haut niederlassen. Für mich ist das jedoch ein Rezept dafür, sich Malaria einzufangen.

Bitte bewege dich, wenn du musst. Krampf im Bein? Dann streck das Bein aus. Dein Kind fällt hin? Dann hilf ihm beim Aufstehen. Tue, was du tun musst, und setze dann gleich die Meditation fort.

8. Wenn die Gedanken abschweifen – Bonusschritt

Die 6-Phasen-Medition ist ein Geschenk für alle, die mit ihren Gedanken woanders sind.

Wenn du schon eine Weile meditierst und dich mit dem »Beobachten« beschäftigt hast – dem reinen Akt der Beobachtung des Geistes und seines Gedankenstroms –, weißt du ja, dass sich die meisten unserer Gedanken auf zwei Dinge konzentrieren: Problemlösung und Planung. Deshalb spricht die 6-Phasen-Meditation diese Elemente des Denkens direkt an.

Das ist ein wichtiger Grund dafür, dass Phase 3, die Vergebung, mit einbezogen wird. Solange wir auf jemanden wütend sind, aber zu meditieren versuchen, wird der Geist immer wieder darauf zurückkommen, was für ein Idiot diese Person doch ist. Das ist der Überlebensmodus, und der ist völlig normal.

Wenn uns ein Ereignis bevorsteht, das uns nervös macht, will sich der Geist bzw. der Verstand vor allem auf das schlimmstmögliche Szenario vorbereiten. Und deshalb geht es in Phase 4 und Phase 5 darum, einen positiven, optimistischen Plan für die nahe und ferne Zukunft zu schmieden.

Die 6-Phasen-Meditation verteufelt also das Denken nicht, sondern verleiht ihm vielmehr eine voll optimierte Struktur, die sich die Kraft des Geistes zunutze macht und letztlich dein Leben langfristig zum Besseren wendet.

9. Musik – Bonusschritt

Auch die Sache mit der Musik möchte ich gerne entmystifizieren. Viele hartgesottene Meditierende behaupten, eisige Stille sei der einzig passende Hintergrund zum Meditieren.

Aber ich sehe das anders. Es ist ähnlich wie mit dem Lotussitz. Wenn du Stille bevorzugst oder am liebsten im Lotussitz meditierst, dann mach es so. Jeder einzelne Meditierende ist anders und hat andere Vorlieben. Es gibt kein »richtig« oder

»falsch«. Ich persönlich meditiere allerdings gerne mit binauralen Beats im Hintergrund. Warum?

Binaurale Beats bieten nachweislich einige ziemlich überraschende Vorteile. Es handelt sich dabei nicht nur um irgendwelche schrägen Melodien von Panflöten spielenden Yogis und singenden Walen. Binaurale Beats entstehen durch eine Technologie, bei der zwei Klangfrequenzen – eine im linken und eine im rechten Ohr – über Kopfhörer abgespielt werden; sie stimmen das Gehirn auf ihre spezifischen Frequenzen ein und erleichtern dadurch das Meditieren.

Klingt kompliziert? Ist es aber nicht. Im Kapitel über Phase 3, die Vergebung, werde ich von einem Labor erzählen, das Gehirnströme untersucht. Es ist alles messbar. Die Gehirnwellenfrequenzen spiegeln die derzeitige geistige Verfassung wider, und binaurale Beats helfen dabei, aus dem aktiven, wachen Beta-Zustand in einen ruhigeren Zustand wie Alpha zu gelangen. Man kann natürlich auch ohne binaurale Beats in diese entspannte, ruhige geistige Verfassung gelangen, aber wenn sie helfen, warum sollten wir sie dann nicht nutzen?

Beim Abspielen der 6-Phasen-Meditation auf der Mindvalley-App kannst du die im Hintergrundton spielende Musik mit binauralen Beats und einer Vielzahl anderer beruhigender Melodien an deine ganz persönlichen Bedürfnisse anpassen.

***

Das ist es auch schon. Jetzt weißt du genau, wie du die 6-Phasen-Meditation praktizieren kannst.

Befolge diese Schritte, und du bist auf eine sehr produktive Meditation eingestimmt, die nicht nur den kommenden Tag, sondern dein ganzes Leben positiv beeinflussen wird. Und nach meiner festen Überzeugung hat diese Meditation nicht nur das Potenzial, *dein* Leben zu verändern, sondern kann auch das Leben all derer beeinflussen, die mit deinem Leben in Verbindung stehen (dazu mehr im Schlusswort, bleib also dran).

Du bist im Begriff, dich über einer Million anderer Menschen anzuschließen, die jeden Tag die 6-Phasen-Meditation praktizieren. Das macht mich überglücklich!

Willkommen an Bord!

1

PHASE 1

Der Kreis der Liebe und des Mitgefühls

»Es ist durchaus möglich, dass man das Gefühl
eines getrennten Ichs verliert und eine Art
grenzenloses, offenes Bewusstsein erfährt
bzw. – anders ausgedrückt –
sich eins mit dem Kosmos fühlt.«
< Sam Harris >

Hebe doch mal den Arm und schnuppere an deiner Achselhöhle. Na los, im Ernst! Ich will dir etwas klarmachen.

Was riechst du? Wahrscheinlich nichts allzu Dramatisches, ja wahrscheinlich sogar etwas halbwegs Angenehmes – den Duft von minzfrischem Deo, blumigem Eau de Cologne oder die Reste des Duschgels, das du heute Morgen benutzt hast. Oder vielleicht auch nur einen ganz persönlichen, wunderbaren Duft.

Wenn ich dich 1920 gebeten hätte, meiner Aufforderung zu folgen, wärst du wahrscheinlich in Ohnmacht gefallen. Denn vor rund 100 Jahren stand ein Vollbad auf der Prioritätenliste nicht gerade weit oben. Auch dein Atem hätte gestunken. Wusstest du, dass sich in den frühen 1920er-Jahren nur 7 Prozent der Amerikaner die Mühe machten, sich die Zähne zu putzen?[8]

In den letzten 100 Jahren haben wir also große Fortschritte gemacht, stimmt's? Heutzutage sind sich die meisten Menschen darüber im Klaren, dass Hygiene von größter Bedeutung ist. Und wir duschen und parfümieren uns nicht nur für uns selbst, sondern auch, damit anderen ein angenehmer Duft in die Nase steigt.

Warum duften dann zwar Milliarden von Menschen bei der Arbeit wie eine Jasminblüte, verschwenden aber größtenteils keinen Gedanken an ihre Psychohygiene bzw. *mentale* Hygiene?

Wir waschen unseren Körper täglich. Aber wir vergessen, unseren *Geist* zu waschen.

Viele Menschen, auch ich, sind morgens schon einmal mit einem Gefühl von Angst, Stress oder Bedauern über den vergangenen Tag aufgewacht. Das ist in Ordnung, das ist menschlich. Problematisch wird es jedoch, wenn wir uns entscheiden, nichts gegen diese Gefühle zu unternehmen. Denn genau wie ein schlechter Geruch wirken sich solche Verfassungen zweifellos auch auf andere Menschen aus.

Ob nun bewusst oder unbewusst – wahrscheinlich lässt du deinen Frust an der Welt aus. Wenn wir in einem Meer aus persönlichem Ballast versinken, bleibt das Mitgefühl auf der Strecke. Wir werden an diesem schlechten Tag Schiffbruch erleiden, ebenso alle anderen, die in der Schusslinie stehen.

Die Vorteile des Mitgefühls

Mitgefühl trainiert das Gehirn darauf, freundlicher und gütiger zu sein. Und du kannst mir glauben, in der heutigen Welt ist Freundlichkeit ein Wettbewerbsvorteil. Aber dazu später mehr.

Mitgefühl bringt eine ansteckende Glückseligkeit mit sich, die jeden berührt, mit dem wir in Kontakt kommen. Wir fühlen uns nicht nur großartig, sondern Mitgefühl hilft auch zu verhindern, dass unnötiges schlechtes *Juju** den *eigenen* Tag ruiniert, ganz zu schweigen von dem eines anderen Menschen. [* *Juju,* eine religiöse Praxis v.a. aus Westafrika, deren Bedeutung sich mit Karma sowie mit Voodoo und Hexenglauben vermischt. Dabei werden einerseits zum Beispiel Amulette, Zaubersprüche und Flüche verwendet, um etwa die Einhaltung von Verträgen zu erzwingen; andererseits gibt es »gutes« *Juju,* das aus guten Taten entstehen soll. (Anm.dt.Red.)] Aus Maulwurfshügeln müssen plötzlich keine Berge mehr gemacht werden, weil du erkennst, dass es in Wirklichkeit keinen Unterschied zwischen dir und deinen Mitmenschen gibt. Mit der Praxis des Mitgefühls bist du fähig, dich selbst in anderen zu sehen, und kannst daher die Dinge leichter schleifen lassen.

Zum Beispiel, wenn die Servicefachkraft im Restaurant deine Bestellung falsch aufgibt. Du kennst bestimmt das Gefühl. Die Flauheit im Magen, das Drama, das in deinem Kopf abläuft, wenn dein Steak nicht so gebraten ist, wie du es dir gewünscht hast. Sicher, es ist kein Weltuntergang, aber es ist einfach ärgerlich. Das Trinkgeld kann der Kellner getrost vergessen.

Ich gebe bekanntermaßen viel Trinkgeld. Und zwar nicht, weil ich süchtig danach bin, meinen Heiligenschein zu polieren; es ist vielmehr ein unerwarteter Nebeneffekt meiner Mitgefühlspraxis.

Vor ein paar Monaten, während einer Pause zwischen den Covid-19-Lockdowns, beschlossen eine Freundin und ich, in ein nahe gelegenes Café zu gehen. Und das war aufregend, denn seit Langem hatten wir beide uns nicht mehr den Luxus gegönnt, auswärts zu essen. Eine ganze Schlange von Leuten wartete fröhlich darauf, hineinzukommen, und alle lächelten dabei unter ihren Mund-Nase-Schutzmasken. Als wir schließlich Platz genommen hatten, bestellte ich bei der Kellnerin, die an unseren Tisch kam, frohgemut eine Tasse Kaffee und ein Frühstücksomelett mit Avocado.

Zwanzig Minuten später kam mein Kaffee. Ich trank einen Schluck. Er hatte Zimmertemperatur. Und wenn man in Nordeuropa* lebt, bedeutet das, er war *kalt.* [* Vishen Lakhiani lebt sowohl in Malaysia als auch in Estland. (Anm. dt. Red.)]

Meine Freundin, die zu diesem Zeitpunkt schon ziemlich wütend war, lehnte sich zurück und schimpfte, als ich in aller Ruhe um einen heißen Kaffee bat. Entschuldigend eilte die Kellnerin davon, um mir einen neuen zu machen. Aber das tat sie nicht; sie vergaß es.

Weitere 30 Minuten später wurde mir mein Omelett präsentiert, allerdings ohne die Guacamole. Halb lachend, halb wütend drehte sich meine Freundin zu mir um und flüsterte: »Der Service hier ist ja wohl unterirdisch!«

Wir aßen also einfach, was uns serviert wurde. Als wir aufbrachen, lächelte ich die Kellnerin an und gab ihr 20 Euro Trinkgeld.

»Bist du verrückt?!«, fragte meine Freundin stirnrunzelnd. »Der Service war lachhaft; warum um alles in der Welt gibst du ihr zwanzig Euro?«

Ich hatte nicht groß darüber nachgedacht. Zugegeben, der Service war ziemlich miserabel. Aber hier zu essen, war um einiges besser, als allein zu Hause zu sitzen und ein Essen aus der Mikrowelle zu verspeisen. Wir waren seit drei Monaten nicht mehr ausgegangen. Dieses Café war ein Geschenk des Himmels.

Und die Kellnerin? Ich habe es ihr nicht übel genommen. Sie tat mir aufrichtig leid. Diese in der Gastronomie tätige Frau war in den drei Monaten während des Lockdowns wahrscheinlich arbeitslos. Alle Restaurants und Bars waren geschlossen. Sie war nicht nur schmerzlich einsam wie wir anderen, sondern sorgte sich wahrscheinlich auch noch darum, wo ihr nächster Gehaltsscheck herkommen würde. Vielleicht hatte sie Kinder wie ich.

Als sie dann endlich diesen Job bekam, wurde ihr gesagt, dass sie zehn Stunden lang in einem überfüllten, stickigen Café eine Maske über Nase und Mund tragen müsse. Sie konnte die Schlange von zwanzig Leuten draußen sehen, die sie direkt nach uns bedienen musste. Das Café war personell völlig unterbesetzt, und sie gab ihr Bestes, um den endlosen Strom von Bestellungen zu bewältigen, während sie gleichzeitig mit der Ungewissheit lebte, ob sie in den kommenden Wochen erneut ihren Job verlieren würde.

Aus dieser Perspektive betrachtet, machte sie also einen verdammt guten Job. Und vielleicht konnte sie sich von diesem Trinkgeld zumindest eine wohlverdiente Flasche Wein oder eine Schachtel Pralinen kaufen, um sich an diesem Abend zu entspannen. Ohne Menschen wie sie, die während einer weltweiten Pandemie sporadisch im Gastgewerbe arbeiten, würden wir alle verrückt werden.

Das alles erklärte ich meiner Freundin. Sie nickte höflich zur Bestätigung, bevor wir uns auf den Weg machten.

Ich hatte ihr nicht erzählt, dass ich am selben Morgen die 6-Phasen-Meditation praktiziert hatte. Und es sah so aus, als hätte sich Phase 1 ausgezahlt.

Diese dreiminütige Meditation hatte mich zu einem weniger verurteilenden und zu einem verständnisvolleren Menschen gemacht. Die Buddhisten würden sagen, dass mir eine Spritze »liebevoller Güte« injiziert worden war – das Gegenmittel gegen die menschliche Tendenz des »Attributionsfehlers«.

Grundlegender Attributionsfehler: Wie wir andere falsch beurteilen und uns selbst herausreden

Unser Gehirn ist ein hinterhältiger und raffinierter kleiner Selbstverherrlichungsapparat, der mit diesem grundlegenden Attributionsfehler vorprogrammiert ist (ein Fehler, von dem du dich in Phase 1 befreist).[9]

Stell dir vor, du fährst auf der Autobahn und ein anderer Verkehrsteilnehmer schneidet dich beim Spurwechsel. Sofort gibst du im Kopf dieser Person die Schuld und schreist (hoffentlich nur im Kopf und nicht zum Fenster hinaus): »Was für ein Idiot!« Mit anderen Worten: Du gehst davon aus, dass die Person einen schlechten Charakter hat; sie ist unhöflich, arrogant, rücksichtslos und egoistisch.

Doch wie sieht es aus, wenn *du* jemandem den Weg abschneidest? Dann sagst du dir wohl eher im Kopf: »Oh Gott, tut mir leid, tut mir leid, tut mir leid!« Ob es nun ein Versehen war oder nicht, du wirst eine Rechtfertigung dafür finden. Immerhin gewöhnst du dich gerade erst an dein neues Auto. Oder du warst müde, weil du letzte Nacht nicht schlafen konntest. Vielleicht hast du die Stelle, an der du überholt hast, falsch eingeschätzt. Oder du musstest deinen Wellensittich zum Tierarzt oder deine Tochter pünktlich zur Schule bringen, weil heute »Show and Tell«-Tag ist, sie vor der Klasse also etwas über einen mitgebrachten Gegenstand erzählen soll und du sie nicht enttäuschen wolltest ... Fülle die Lücke mit irgendwas, das auf dich zutreffen würde.

Bei einer anderen Person ist es eine Charakterschwäche. Bei dir sind es einfach unglückliche Umstände. Du bist in der Geschichte der arme Kerl, dem halt ein Fehler unterlaufen ist.

Ich wurde mal als »Arschloch« tituliert. Ich war 24 Jahre alt und rannte durch einen Flughafen, weil ich gerade mal vier Minuten Zeit hatte, um meinen Flug zur wichtigsten Konferenz meines Lebens zu erreichen. Damals arbeitete ich für eine gemeinnützige Organisation namens AIESEC, die sich für den Weltfrieden einsetzte. Mein Gehalt war ziemlich mickrig, aber die Mission der Organisation bedeutete mir etwas, also blieb ich dabei. Ich hatte mir den billigsten Flug ausgesucht, um zur Konferenz zu fliegen, und siehe da, die Zeit meines Anschlussfluges war geändert worden.

Ich rannte also schnellstmöglich, schnappte nach Luft und versuchte verzweifelt, meine riesige Tasche hinter mir her zu schleppen. Wenn ich diesen Flug verpasste, wusste ich nicht, ob ich mir einen anderen leisten konnte, und ich wollte die gemeinnützige Organisation nicht mit einem weiteren Ticket belasten. In meiner Eile stolperte ich über den Koffer eines Mannes. Ich stand auf und rannte weiter, denn jede Sekunde zählte.

Während ich mich wie ein Held durchschlug, hörte ich die Worte »Du mieses Arschloch!« durch den Flughafenkorridor schallen. Es war der Typ, über dessen Gepäck ich gestolpert war.

Das hat mich wirklich fertiggemacht. Ich bin nun wirklich kein Arschloch. Ich bin ein netter Kerl. Es war nur ein Versehen. Aber zugegeben, wenn jemand meine Tasche umgeschmissen hätte, ohne sich zu entschuldigen, hätte ich wahrscheinlich das Gleiche gedacht.

Da ist er wieder: der grundlegende Attributionsfehler. Ich war ein ehrlicher Kerl, der einen Flug zu erwischen und Geld zu sparen versuchte, weil ich für eine gemeinnützige Organisation arbeitete. Aber für den Mann, der mich anbrüllte, war ich ein rücksichtsloser Arsch, der seinen friedlichen Tagesablauf gestört hatte, ein junger Punk, der seine Tasche umgeworfen hatte und einfach weiterlief.

Es war dieselbe Situation, aber aus zwei entgegengesetzten Blickwinkeln betrachtet.

Ein ausgeprägter Sinn für Mitgefühl löst die Kluft zwischen »mir« und »den anderen« auf. Und so lässt du dich viel weniger zu so etwas hinreißen, weil du verstehst, dass nicht alles bloß schwarz oder weiß ist. Der Täter ist nicht immer ein Schurke, und nicht jeder hat es auf dich abgesehen. Es ist nicht immer eine Charakterschwäche. Manchmal machen auch gute Menschen Fehler, genau wie du auch.

Wir alle haben schlechte Tage. Einen schlechten Tag zu haben, macht jedoch niemanden zu einem schlechten Menschen.

Wenn du allerdings chronisch solche schlechten Tage mit »schlechtem Verhalten« erlebst, lohnt es sich wahrscheinlich, dem nachzugehen. Und den Tag mit Praktiken des Mitgefühls zu beginnen, ist ein guter Anfang.

Die egoistische Seite des Mitgefühls

Jetzt muss ich ehrlich sein. Ich habe das Skript zu »Phase 1: Der Kreis der Liebe und des Mitgefühls« nicht aus reiner Selbstlosigkeit geschrieben. Es geschah nicht nur aus der Güte meines unschuldigen Herzens heraus. Sicher, es ist schön, nett zu anderen Menschen zu sein. Ja, die Menschen um dich herum werden es dir danken. Aber das Mitgefühl hat auch eine egoistische Seite.

Falls du dich nicht dazu durchringen kannst, aus reiner, bedingungsloser Liebe zur Menschheit Mitgefühl zu praktizieren, ist das auch in Ordnung. Dann tu es einfach für dich selbst!

Denn wenn du dich in Mitgefühl übst, wird deine Gefühlswelt viel leichter, viel glücklicher und auf lange Sicht viel ausgeglichener. Durch das Gefühl, mit allem und jedem verbunden zu sein, empfindet man die Welt ganz selbstverständlich als weniger bedrohlich. Man merkt, wie freundlich die Menschen sein können, und erkennt, dass der Planet mit seiner bunten Mischung aus Bewohnern sein Bestes tut, um *für* dich zu arbeiten, nicht gegen dich.

Die Wissenschaft beweist das. Wissenschaftler der University of Pennsylvania und der University of Illinois haben unglaubliche Forschungen über die Auswirkungen starker sozialer Beziehungen auf das menschliche Gehirn durchgeführt. Unter der Bezeichnung *»The Very Happy People Study«* wollten sie herausfinden, welches Geheimnis hinter dem tiefen Wohlbefinden des *Homo sapiens* steckt.[10] Wie sich herausstellte, bestand die »Geheimzutat« nicht in warmem, sonnigem Wetter (auch wenn das hilft) und war auch nicht auf leckere Donuts zurückzuführen, auch nicht auf Geld, ausgiebigen Sex oder beruflichen Erfolg. Die Geheimzutat war die Stärke der *sozialen Beziehungen* der Teilnehmer.

Die durchweg sehr, sehr glücklichen Menschen, die sich von allen anderen abhoben, pflegten tiefe Liebesbeziehungen, Familienbande und Freundschaften. Ganz einfach. Aber ohne ein hohes Maß an Mitgefühl wirst du nichts davon wirklich erfahren. Je mitfühlender du bist, desto tiefer, solider und harmonischer werden deine Beziehungen.

Mitgefühl ist die wertvollste Form der sozialen Währung, die es gibt. Sie ist eine geradezu mächtige Währung.

Was ist eigentlich Mitgefühl?

Entgegen der landläufigen Meinung geht es bei Mitgefühl nicht darum, Mitleid mit Menschen zu haben. Es ist auch nicht gleichbedeutend mit Sympathie; vielmehr geht es um die liebevolle *Verbundenheit* mit anderen Wesen, ganz gleich, wer sie sind oder woher sie kommen.

Wenn buddhistische Mönche über Mitgefühl meditieren, denken sie nicht über all das Leid in der Welt nach und chanten: »Das ist gaaaaanz schlimm ...« Sie verbinden sich mit der Menschheit und manchmal auch mit der Erde an sich. Sie spüren, dass sie in diesem großen Ganzen ihren Platz haben, und genießen das Einssein. Sie üben sich darin, mit *allen* in Beziehung zu treten, damit sie in einer Welt voller bedingungsloser

Liebe und Frieden so richtig abrocken können. Das ist doch viel cooler als Mitleid, oder?

Mitleid ist: »Du Armer ...« Mitgefühl heißt: »Möge es dir gut gehen, Mitlebewesen, denn im Grunde sind wir ein und dasselbe.«

Der Unterschied ist subtil, aber signifikant. Mitleid raubt dir die Energie, Mitgefühl steigert sie. Kein Wunder, dass buddhistische Mönche immer einen Ausdruck souveräner Gelassenheit auf dem Gesicht haben – sie haben den heiligen Gral des Mitgefühls lange vor uns entdeckt.

Endlich widmen auch zahlreiche Wissenschaftler des 21. Jahrhunderts dem Thema ihre Aufmerksamkeit und studieren es sehr intensiv. Auch sie wollen wissen, was Mitgefühl ist und ob es sich wirklich lohnt, es zu erforschen.

Hier ist die beste Definition von Mitgefühl, die Wissenschaftler bisher gefunden haben:

Mitgefühl ist der Schritt
vom Urteilen zur Fürsorge,
vom Getrenntsein zur Verbundenheit,
vom Anderssein zum Verständnis.

Diese Beschreibung stimmt meiner Meinung nach genau. Und faszinierenderweise kann man die Fürsorge, die Verbundenheit und das Verständnis im Zusammenhang mit Mitgefühl im Gehirnscan einer Person tatsächlich beobachten. Ein auf Liebe und Güte trainiertes Gehirn leuchtet wie ein Weihnachtsbaum, *sieht anders aus* als ein »normales« Gehirn und ist zu mehr müheloser Positivität fähig. Mitgefühl vernetzt den Geist buchstäblich zum Besseren.

Für mich ist Mitgefühl etwas ganz Simples. Mitgefühl ist der Akt der Hingabe an eine bessere Version deiner selbst. Es geht darum, warm zu sein und diese Wärme nach außen auszustrahlen. Es geht darum, dich aufrichtig um dich selbst und um andere Menschen zu kümmern.

Wie der große William Blake sagte:

> *»Wir sind auf dieser Erde, damit wir lernen, die Strahlen der Liebe zu ertragen.«*

Worauf warten wir also noch?

Die Herausforderungen des Mitgefühls

Jetzt, da du ein wenig mehr über die Vorteile des Mitgefühls weißt, die dir und anderen zugutekommen, fragst du dich vielleicht, warum nicht mehr Menschen darüber reden.

Nun, unsere derzeitige Lebensweise ist nicht gerade förderlich für unseren Erfolg im Bereich des Mitgefühls. Mitgefühl ist zwar ein natürlicher Nebeneffekt des Menschseins (die große Mehrheit der Kinder wird mitfühlend geboren), doch die Gesellschaft trainiert es uns gerne ab.

Das will ich dir mit einem Experiment beweisen.

Schau jetzt einmal jemandem in die Augen. Wenn du eine echte Herausforderung willst, versuch das mit jemandem, den du nicht so gut kennst.

Falls du allein bist, such dir einen Spiegel und schau dir selbst in die Augen. Halte den Blick eine Minute lang so ruhig wie möglich auf die andere Person bzw. auf dich selbst gerichtet.

Wie fühlt sich das an?

Wie unangenehm fühlt sich für dich eine grundlegende, ursprüngliche menschliche Verbindung an? Bewerte diese Erfahrung auf einer Skala von 0 bis 10.

Wenn du in den Vereinigten Staaten, Kanada, Europa oder Australasien lebst, fühlst du dich dabei wahrscheinlich besonders unwohl. Denn in diesen Regionen der Welt sind die Menschen darauf trainiert, zu glauben, dass menschliche Kontakte unangenehm sein *sollten.* Wahrscheinlich wurde dir eingetrichtert, jemanden anzustarren sei unhöflich. Wenn du selbst angestarrt wirst, fühlst du dich wahrscheinlich extrem exponiert und verletzlich. Und das ist so verdammt traurig. Übrigens ist das nicht nur ein Problem in diesen Teilen der Welt. Auch in vielen anderen Teilen Asiens, Afrikas und Südamerikas hat sich eine Kultur oberflächlicher Verbindungen verbreitet.

Aber warum ist das so? Wenn die Erfahrung, die uns am ehesten zu einem erfüllten Leben verhelfen kann, gesellschaftlich als etwas Unhöfliches, Seltsames und fast schon Schmerzhaftes definiert wird …, dann sind wir ehrlich gesagt alle verloren. Hier *muss* ein Umdenken stattfinden!

Deshalb steht in der 6-Phasen-Meditation das Mitgefühl an erster Stelle. Verbundenheit sollte sich für uns nicht fremd anfühlen, sondern vielmehr eine unbedingte Priorität in unserem Leben sein.

Ich gehe davon aus, dass sich 99 Prozent aller Leser und Leserinnen dieses Buches an dieser Stelle ungefähr folgende Gedanken machen:

»Dieses Mitgefühl ist ja schön und gut, aber was ist, wenn jemand wirklich ein Idiot ist? Und wenn ich kein Mitgefühl für die Ausgeburt eines Diktators haben möchte?«

Ja, ich hab's kapiert. Wir alle würden gerne mindestens eine Person aus dem einen oder anderen Grund von diesem Planeten wegwünschen. Das ist ganz normal. Und wenn diese ganze Idee des Mitgefühls bei einer bestimmten Person nicht funktioniert, kommt Phase 3 ins Spiel, in der sich alles um Vergebung dreht, und das ist so etwas wie Mitgefühl in Profiqualität.

Doch darüber musst du dir vorerst keine Gedanken machen. Konzentriere dich in Phase 1 einfach auf eine Person, die du zutiefst liebst. Am Ende dieses Kapitels begleite ich dich durch den Prozess.

Auch wenn Phase 1 nicht speziell darauf abzielt, Mitgefühl für diejenigen zu empfinden, die uns Unrecht zufügen, hat sie mir auch in dieser Hinsicht geholfen. War mein Mitgefühl erst mal in Schwung gekommen, ging ich nicht mehr automatisch in die Luft, wenn mich jemand verärgert hatte. Ich wusste, was ich tun musste, um schnell zur Ruhe zu kommen. Durch die Praxis des Mitgefühls konnte ich die Zügel meiner geistigen Gesundheit in die Hand nehmen und besser mit fehlbaren Menschen arbeiten. Dieses Mitgefühl hat für meine persönlichen und beruflichen Beziehungen Wunder bewirkt und mir das Gefühl gegeben, in der Welt zu Hause und mit allem und jedem verbunden zu sein.

Und das Beste daran ist: Du musst dich nicht darum bemühen. Sobald du die 6-Phasen-Meditation regelmäßig praktizierst, läuft all das unterbewusst ab. Es ist wie ein passives Einkommen; auf das Konto wird immer wieder eingezahlt.

Die »Muskeln« des Mitgefühls trainieren

Ich weiß, was du jetzt denkst: Du könntest ja wohl nicht innerhalb von ein paar mickrigen Minuten unendlich viel mitfühlender und stärker mit dem Kosmos verbunden werden; so etwas könne man ja nicht einfach so lernen. Mitgefühl sei schließlich keine Computertechnik; es gibt kein Sprachlernprogramm, mit dessen Hilfe du lernst, wie ein besserer Mensch zu sprechen.

Mitgefühl sei ein Persönlichkeitsmerkmal: Entweder man ist mitfühlend oder man ist es nicht. Man könne nicht einfach die Entscheidung treffen, die Eigenschaft eines erleuchteten Menschen anzunehmen, stimmt's?

Nein, stimmt eben nicht!

Professor Richard J. Davidson und sein gigantisches Team aus Wissenschaftlern, Psychologen und Probanden an der Universität von Wisconsin-Madison würden mir zustimmen. Denn diese großartigen Menschen haben nachgewiesen, dass Mitgefühl tatsächlich eine trainierbare Fähigkeit ist.[11] Auch sie wollten die Wahrheit herausfinden, ob Mitgefühl angeboren oder kulturbasiert ist. Kann man Mitgefühl erlernen und umsetzen?

Oder bestimmt unsere DNA, ob wir als eine Reinkarnation von Gandhi geboren wurden oder ob wir eher ein emotionaler Depp sind?

Um diese Frage zu beantworten, erstellte das Team eine umfassende Studie über die Qualitäten von Mitgefühl und Freundlichkeit. Sie baten die Teilnehmer, zwei Wochen lang jeden Tag geführte Meditationen des Mitgefühls zu praktizieren. Das war's. Keine Elektroschocks, keine Pillen, keine spitzen Stöcke oder Käfige. Die Probanden mussten sich lediglich zurücklehnen, entspannen und Mitgefühl für verschiedene Ziele kultivieren.

Zu den Zielpersonen gehörten ein geliebter Mensch, die Versuchsperson selbst, ein Fremder und jemand, mit dem sie im Zusammensein Schwierigkeiten hatten. Die Wissenschaftler verfolgten ihre Fortschritte durch regelmäßige Gehirnscans. Sie haben Folgendes entdeckt:

Diese Ergebnisse deuten darauf hin, dass Mitgefühl durch Training kultiviert werden kann, wobei ein stärkeres altruistisches Verhalten aus einer verstärkten Einbindung neuronaler Systeme resultieren kann, die mit dem Verständnis für das Leiden anderer, der exekutiven und emotionalen Kontrolle sowie der Belohnungsverarbeitung zu tun haben.

Im Klartext: Sie fanden heraus, dass menschliche Eigenschaften, die mit Güte zu tun haben, nicht vorbestimmt sind. Vielmehr sind sie trainierbar. Man kann sein Gehirn auf Freundlichkeit trainieren. Man kann seinen Kindern mehr Mitgefühl einprogrammieren. Man kann sich selbst buchstäblich abtrainieren, ein Schwachkopf zu sein. Du kannst dich dafür entscheiden, zu einer mitfühlenderen Version deiner selbst zu werden. Und Übung macht den Meister.

Wissenschaftlich bewiesen: Durch Mitgefühl bleibt man länger jung und sexy. Wer hätte das gedacht?

Jetzt weißt du also, welche Wissenschaft hinter dem Mitgefühl steckt und was möglich ist; und obendrein springen dabei auch ein paar überraschende Gratisvorteile heraus.

Die Vorteile durch das Trainieren des »Mitgefühl-Muskels« gehen weit über eine oberflächliche Gelassenheit hinaus. Sicher, du bekommst vielleicht diesen Blick eines »gelassenen Buddhas« und fühlst dich den Menschen um dich herum viel mehr verbunden. Aber du profitierst unter anderem auch noch von folgenden Vorteilen:

- Mehr Optimismus und Positivität
- Entwicklung der natürlichen Großzügigkeit
- Erhöhte Stressimmunität
- Geringere Reaktivität auf störende Reize
- Erhöhte Aktivierung der Gehirnregionen, die mit Bindung assoziiert werden
- Nachlassende Symptome der posttraumatischen Belastungsstörung (PTBS)
- Geringere körperliche Schmerzen[12]
- Umkehr des Alterungsprozesses[13]

Ja, genau, Mitgefühl macht den Alterungsprozess rückgängig!

Wissenschaftler der University of North Carolina haben den Nachweis erbracht. Sie führten eine randomisierte, kontrollierte Studie durch, in der bei den Probanden die Länge der Telomere (DNA-Marker des Alterns) vor und nach der Mitgefühlsmeditation gemessen wurde.

Normalerweise wird davon ausgegangen, dass sich unsere Telomere im Lauf des Lebens verkürzen. Ihre Länge und die Geschwindigkeit, mit der sie sich verkürzen, geben Wissenschaftlern einen sehr genauen Hinweis darauf, wie alt jemand ist und wie schnell er altert.

In dieser Studie verglichen die Wissenschaftler die Länge dieser Telomere bei Menschen, die eine Meditation der liebevollen Güte *(»loving-kindness compassion meditations«)* praktizierten, mit denen, die dies nicht taten. Und das Ergebnis war unglaublich: Die Telomerlänge bei den Nicht-Meditierenden verkürzte sich – im Gegensatz zu den Telomeren der Probanden, die die Meditation der liebevollen Güte praktizierten.

Mit anderen Worten: Freundlichkeit und Mitgefühl verlangsamen die Alterung auf *genetischer Ebene*. Verrückt, oder?

Hier ist ein weiterer sehr nützlicher Vorteil der Mitgefühlspraxis: Bist du ein männlicher Single? Dann hör gut zu, denn Mitgefühl könnte dir dabei helfen, beim nächsten Date Erfolg zu haben. Studien zeigen, dass das attraktivste Attribut eines Mannes aus weiblicher Sicht die *Freundlichkeit* ist.[14] Und Mitgefühl ist die Wurzel von Freundlichkeit!

Meine Damen, ihr seid hier nicht außen vor. Eine ähnliche Studie zeigte, dass auch Männer Frauen durchweg als begehrenswerter einstufen, wenn sie ein gewisses Maß an Mitgefühl verkörpern. Trotz ihres auf männliche und weibliche Probanden angelegten Designs zeigen die Studien also, dass die Attraktivität des Mitgefühls geschlechtsneutral ist.

Wir alle sind biologisch so veranlagt, dass wir uns zu Menschen hingezogen fühlen, die Mitgefühl haben. Hast du schon einmal Bilder von Menschenmassen gesehen, die sich vor dem Dalai Lama versammeln, in der Hoffnung, einen Blick in seine liebevollen Augen zu erhaschen? Wir alle wollen geliebt und verstanden werden, und Mitgefühl ist die geheime Zutat, die diesen Zauber bewirkt. Warum sollten wir auch nicht mit mitfühlenden Menschen zusammen sein wollen?

Herzresonanz – der Gesundheitsindikator, dem wir nicht genug Aufmerksamkeit schenken

Ich wollte Phase 1 persönlicher gestalten, wollte meine Verbundenheit mit der Welt tatsächlich *sehen* und *fühlen* und nicht nur im Kopf durchgehen. Auf meiner Suche nach der perfekten Technik stieß ich auf die Mitgefühlsprotokolle des HeartMath Institute. Das HeartMath Institute mit Sitz in Kalifornien ist die Heimat leidenschaftlicher Wissenschaftler, die vom Konzept der »Herzresonanz« fasziniert sind.

Deine Herzresonanz ist das Timing zwischen den Herzschlägen; es korreliert mit deinem Grad an liebevoller Verbundenheit.[15] Und man kann sie messen, weiterentwickeln und sozusagen als Startrampe für Gefühle überwältigender Glückseligkeit nutzen.

Diese Wissenschaftler haben eine einfache Übung entwickelt, mit der du dein Mitgefühl trainieren kannst bzw. deine Herzresonanz, wie sie das nennen. Du kannst sie auf der Stelle durchführen:

- Denke an ein Wesen, das du liebst.
- Stell dir vor, dieses Wesen steht vor dir und lächelt oder sieht dich mit Zuneigung an. Du siehst sein Gesicht und sagst ihm, dass du es liebst.
- Spüre die tiefe Liebe in deinem Herzen und verweile 30 Sekunden lang in diesem Gefühl.

Was hast du da gerade gemacht? Ich will es dir sagen:

Der bloße Einsatz deiner Mitgefühls-Muskeln hat sofort biochemische Veränderungen in deinem Körper ausgelöst. Du hast gerade eine Gymnastikeinheit für deine Herzresonanz absolviert, durch die Oxytocin und andere Wohlfühlsubstanzen ausgeschüttet wurden. Wissenschaftler könnten dir auf einem

Herzmonitor und einem Gehirnscan zeigen, was da gerade Großartiges passiert ist.

Als ich erfuhr, wie einfach dieser Prozess ist, hatte ich eine Idee. Ich beschloss, dass wir in Phase 1 mit dem HeartMath-Herzresonanz-Hack beginnen und diese Liebe dann auf den ganzen Planeten ausweiten würden. Das erwies sich als viel einfacher, als zu versuchen, aus dem Nichts heraus Mitgefühl für die gesamte Menschheit zu erzeugen.

Ob es nun dein Partner bzw. deine Partnerin, dein Kind, dein Guru oder deine Katze ist, deren Schnurren deine Seele besänftigt: Der erste Schritt besteht darin, jemanden oder etwas zu finden, den bzw. das du liebst, ohne zu beurteilen, welche Wahl du getroffen hast. Solange du dieser Person oder diesem Tier Liebe entgegenbringst, eignen sie sich perfekt für diese Übung. Dann benutzt du das geliebte Wesen sozusagen als Trampolin.

Zugegeben, das klingt verrückter, als ich dachte. Ich meine damit, dass wir die guten Schwingungen, die dieses Gesicht bei dir auslöst, als Sprungbrett nutzen werden. Wir übertragen die Liebe, die du für dieses Wesen empfindest, auf den Rest der Welt. Zuerst auf dein häusliches Umfeld, dann auf deine Stadt, auf dein Land, auf deinen Kontinent und schließlich auf den gesamten Planeten Erde.

Als Nächstes werde ich genau beschreiben, was während der 6-Phasen-Meditation zu tun ist. Sorge dich nicht, ob du dir diesen Prozess auswendig merken kannst; nutze einfach die Mindvalley-App für die 6-Phasen-Meditation und lausche, wie du durch die Meditation geführt wirst.

Die Beschreibung soll lediglich dein Verständnis und letztlich deine Erfahrung während des Meditierens vertiefen.

Der Kreis der Liebe und des Mitgefühls – das Protokoll

Schritt 1: Rufe ein geliebtes Wesen vor deinem geistigen Auge empor

Du atmest tief ein und siehst beim Ausatmen einen geliebten Menschen oder ein geliebtes Tier in möglichst lebendigen Details vor dir.

Du siehst dieses Wesen, wie es lächelt bzw. dich mit Zuneigung anblickt, gleichsam mit Sternen in den Augen. Wenn du das nicht so gut visualisieren kannst, spüre seine Anwesenheit. Stimme dich auf die Liebe ein, die dieses Wesen in dir weckt; so kannst du zunächst das Mitgefühl verinnerlichen.

Geh mit deinem Gewahrsein in den Bereich deines Herzens und gib diesen liebevollen Gefühlen eine Farbe: Rosa, Hellblau oder Grün, was auch immer dir in den Sinn kommt. Atme tief und bade in Oxytocin. Lass diese Person oder dieses Geschöpf wissen, wie innig du sie bzw. es liebst, und löse so von Anfang an dein *One-Way*-Ticket zur Glückseligkeit ein.

Schritt 2: Lass das Mitgefühl den Körper umfließen

Lass nun das Mitgefühl für den geliebten Menschen oder das geliebte Tier in deinem Herzen los und empfinde es in deinem ganzen Körper. Atme tief ein und lass dieses Gefühl der Liebe beim Ausatmen von deinem Herzbereich in jede einzelne Zelle deines Körpers wandern. Das wohltuende, farbenfrohe Licht breitet sich von deinem Herzen aus und umgibt dein gesamtes System. Spüre, wie es eine beruhigende Blase um dich herum bildet. Auch du verdienst etwas von deiner Liebe.

Gib dein Bestes, um Mitgefühl für dich selbst zu finden. Wie meine gute Freundin und eine unserer beliebtesten Mindvalley-Lehrerinnen, Lisa Nichols, sagt: »Fülle zuerst deinen Becher ..., erst wenn er überfließt, kannst du etwas davon abgeben.«

Schritt 3: Dehne das Mitgefühl auf den Raum aus, in dem du dich befindest

Jetzt ist es an der Zeit, das Mitgefühl und diese Verbundenheit auf den Raum auszudehnen, in dem du meditierst.

Du atmest noch einmal tief ein und siehst beim Ausatmen, wie sich diese Blase des Mitgefühls ausdehnt. Stell dir vor, wie sie immer größer wird und jedes Lebewesen in diesem Raum umfängt: Menschen, Pflanzen, Haustiere – ohne jegliche Grenzen. Für mich fühlt es sich sehr gut an, dabei im Bett neben meiner schlafenden Partnerin oder einem anderen Familienmitglied zu sitzen. Das hat etwas wirklich Heilsames an sich.

Schritt 4: Sende das Mitgefühl hinaus in die Straßen

Du weißt inzwischen, dass du dein Mitgefühl bis in den Weltraum ausdehnen kannst, bist also bereit, ein wenig weiter in deine Nachbarschaft hinauszugehen.

Stell dir vor, wie sich deine Blase des Mitgefühls zunächst in deinem ganzen Haus ausbreitet und jeden der Hausbewohner berührt. Als Nächstes visualisierst du, wie sie sich ausbreitet und deine gesamte Nachbarschaft, das ganze Wohnviertel erfasst. Ich stelle mir gerne irgendeinen Nachbarn vor, der wie aus dem Nichts zu lächeln anfängt, weil er die von mir ausgesandten positiven Schwingungen spürt. Atme weiterhin tief ein und aus und halte das Gefühl der Liebe so stark wie möglich aufrecht.

Schritt 5: Dehne das Mitgefühl auf die ganze Stadt und das ganze Land aus

Du fängst mit deiner Stadt an und dehnst dann dein Mitgefühl auf dein ganzes Land aus.

Bei diesem Schritt sehe ich gerne eine Straßenkarte meiner Stadt vor meinem geistigen Auge, die allmählich auf eine Karte meines Landes herausgezoomt wird. Du kannst dir deine Stadt so visualisieren, als würdest du sie mit einem Hubschrauber überfliegen oder eine Drohnenaufnahme von ihr betrachten. Stelle dir deine Stadt im Licht deines Mitgefühls vor.

Als Nächstes dehnst du das Mitgefühl aus, bis es das ganze Land erfasst hat. Visualisiere, wie es vom Licht deines Mitgefühls bedeckt ist. Benutze hier deine Vorstellungskraft. Spüre diese Liebe in dir, atme tief ein und lass beim Ausatmen vor deinem geistigen Auge die Nation an dieser Liebe teilhaben.

Schritt 6: Hülle die ganze Erde in Mitgefühl

Jetzt wird es interessant. Atme tief ein. Von deinem Land aus wirst du nun beim Ausatmen das Mitgefühl weiter in deinen Kontinent hinausschicken. Dann lässt du mit jedem neuen Ausatmen die einzelnen Kontinente durchströmen: Nordamerika, Südamerika, Afrika, Europa, Asien, Ozeanien ..., sogar die Antarktis mitsamt den Pinguinen. Dein Mitgefühl ist wie ein freundlicher Tsunami, der den gesamten Planeten umspült. Dies ist die letzte Stufe der Mitgefühlspraxis, die uns nicht nur mit denen verbindet, die uns am nächsten stehen, sondern mit allem Leben auf der Erde.

Sei ausgelassen! Sieh Menschen aller Nationen und Kulturen vor deinem geistigen Auge. Sieh Vögel im Flug, Großkatzen, Regenwälder und Schneestürme, Sonnenuntergänge und die Tiefen des Ozeans. Das alles siehst du und spürst deinen Platz in dieser schönen Welt.

Als letztes Bild solltest du den wunderschönen Anblick des Planeten Erde genießen, der in das Licht deines Mitgefühls gehüllt ist.

***

Falls du an irgendeinem Punkt wegdriftest und die Oxytocin-gefüllten Schwingungen, die du in Schritt 1 erzeugt hast, verloren gehen, kehre einfach zu dem geliebten Wesen zurück. Sieh es noch einmal vor dir, fülle dich erneut mit Liebe auf und lass sie weiter nach außen fließen.

Womöglich musst du das ein bisschen üben, also mach dich nicht herunter, falls es dir anfangs schwerfällt, die Liebe zu teilen. Geh nachsichtig mit dir selbst um; du zählst immerhin zu den weniger als ein Prozent der Menschen, die sich darin üben, aus dem Überlebensmodus herauszukommen. Du bist im Mitgefühls-Trainingslager.

Sobald du den Dreh raushast, wird es dir zur zweiten Natur. Dann gehörst du zu jenen bemerkenswerten Menschen, die sich nicht nur mit ihrem sozialen Umfeld, sondern mit der gesamten Menschheit verbunden fühlen.

Stell dir vor, wie sich das auf deine geistige Gesundheit auswirkt und was das für jeden einzelnen Menschen bedeutet, mit dem du in Kontakt kommst. Denn diese Menschen werden deine Energie spüren, das darfst du mir glauben.

Kannst du dir vorstellen, wie es wäre, wenn wir alle einen Teil unserer Zeit dem Mitgefühls-Training widmen würden? Ich schwöre, das könnte die Welt retten.

Überlege einmal: Denke an die (von Menschen verursachten) traumatischen Ereignisse in der Geschichte, die uns *alle* fast vom Angesicht der Erde weggefegt hätten: Sie sind alle bis zu einem gewissen Grad auf einen Mangel an Mitgefühl zurückzuführen.

Überlege, wie viele Kriege wir vermeiden würden und wie wir mit unserem Planeten umgehen würden. Wie wir mit unseren Liebsten, dem Fremden auf der Straße und uns selbst umgehen würden.

Jetzt weißt du, dass Mitgefühl viel mehr ist als Sympathie oder Mitleid. Es geht darum, eine freundlichere Welt zu schaffen, in der jedes Individuum seinen einzigartigen Platz findet. Diese Eigenschaft der Menschheit ist so stark, dass es womöglich unsere größte evolutionäre Errungenschaft ist. Es ist unsere stille Superkraft.

Marvels beliebter Wikinger-Superheld sprach mir aus dem Herzen, als er sagte: *»Ich wäre lieber ein guter Mann als ein großer König.«* Das gilt auch für mich, Thor!

Auf dem Sterbebett werde ich mir eines Tages wohl kaum Gedanken darüber machen, wie viel »Macht über andere« oder wie viel »Erfolg« ich hatte. Wahrscheinlich sinne ich eher darüber nach, wie gut ich Mitgefühl gemeistert habe.

Ja, ich werde darüber nachdenken, wie gut ich zu lieben gelernt habe.

Und du?

***

Bevor wir mit dem nächsten Kapitel fortfahren, starte deine 6-Phasen-Meditation, um dort direkt in die Audiomeditation einzutauchen, in der du durch das Mitgefühls-Protokoll geführt wirst. Es dauert nicht einmal fünf Minuten, hilft dir aber, diese erste Phase deiner Praxis zu festigen.

Leg jetzt dieses Buch beiseite und probiere die Meditation aus. Sobald du damit fertig bist, kannst du mit dem nächsten Kapitel weitermachen.

***

2

PHASE 2

Glücklichsein und Dankbarkeit

»Ich beschwerte mich,
dass ich keine Schuhe hatte,
bis ich einen Mann traf,
der keine Füße hatte.«
< Konfuzius >

Wonach sucht die Menschheit *wirklich?* Ist es wissenschaftlicher Fortschritt? Der Sinn des Lebens? Unendlicher Reichtum? Das Elixier der Unsterblichkeit?

Ja. »Ja« zu all den oben genannten Punkten. Aber es gibt etwas noch Wertvolleres, nach dem wir unbedingt streben müssen, mehr als alles andere. Albert Einstein sagte 1931 in einem seiner vielen Interviews: »Eigentlich sind wir auf der Suche nach dem Glück.«

Einstein, der vor allem für die Entwicklung der Relativitätstheorie bekannt ist, interessierte sich ebenso wie wir für die

Flüchtigkeit der Freude. Und so wie er die Welt mit revolutionären Formeln auf dem Gebiet der theoretischen Physik versorgte, fand er auch eine Gleichung für Glück. Sie wurde für 1,56 Millionen Dollar verkauft.

Einsteins 1,5-Millionen-Dollar-Glücksformel

1922 war Einstein zu einer Reihe wissenschaftlicher Vorträge nach Japan gereist und dachte, wie er selbst sagte, während seiner gesamten Reise intensiv über die Frage des Glücks nach.

Vor der Kulisse von Kirschbäumen und Geishas fand er den perfekten Ort, um sich mit der wahren Bedeutung von Wohlbefinden zu verbinden. Nachdem er die Geheimformel gefunden hatte, schrieb er sie liebevoll in Deutsch, seiner Muttersprache, auf ein Stück Papier.

Überzeugt von ihrem großen Wert, überreichte er dem Hotelpagen die Formel mit den 13 Wörtern als Trinkgeld für die Lieferung auf sein Zimmer. Sie lautete:

»Stilles bescheidenes Leben gibt mehr Glück
als erfolgreiches Streben,
verbunden mit beständiger Unruhe.«

Einsteins schöne Geste war ihr Gewicht in Gold wert, und zwar buchstäblich. Fünfundneunzig Jahre später verkaufte eines der Familienmitglieder des Pagen das Stück Papier bei einer Auktion für 1,56 Millionen Dollar.[16]

Aber was bedeutet das eigentlich?

Du siehst das vielleicht anders, aber aus meiner Sicht hat Einstein uns nicht nur gesagt, dass wir unsere Ziele aufgeben und uns mit weniger zufrieden geben sollen. Ich bin ein großer Verfechter davon, sich Ziele zu setzen und eine Vision für das eigene Leben zu haben; darauf gehen wir später näher ein.

Nein, ich denke, er warnte uns vor dem »Mangel-Denken«, dem »Nicht genug«-Prinzip, dem Streben und all den mit Blut, Schweiß und Tränen verbundenen Bemühungen, die wahre Erfüllung verhindern.

Ich glaube, er wollte uns von dem weit verbreiteten »Ich werde glücklich sein, wenn ...«-Syndrom befreien: der nie enden wollenden Jagd, die »ständige Unruhe« mit sich bringt.

Und was ist die einzige wirklich sichere Medizin, die uns hilft, uns davon zu heilen?

Die Macht der Dankbarkeit.

Mehr über das »Ich werde glücklich sein, wenn ...«-Syndrom

Bevor wir tiefer in die Wissenschaft der Dankbarkeit eintauchen und erforschen, wie sie direkten Einfluss auf unser Glück hat, möchte ich noch einmal auf das erwähnte Syndrom eingehen, von dem fast nie die Rede ist.

Es tut mir leid, der Überbringer schlechter Nachrichten zu sein. Aber als Mensch, der im 21. Jahrhundert lebt, leidest du wahrscheinlich darunter. Und es zwingt die Menschheit in die Knie.

Der ultimative Friedensräuber, das »Ich werde glücklich sein, wenn ...«-Syndrom, ist die Vorstellung, dass das Erreichen bestimmter weltlicher Freuden oder Leistungen unweigerlich zum Glück führe. Nur sind sie leider immer unerreichbar.

In der heutigen Welt des »Danke, das Nächste bitte« wird uns gesagt, dass das Glück auf der anderen Seite des/der ... [hier die weltliche Freude/Leistung einfügen] auf uns wartet. Doch wenn wir das dann tatsächlich erreichen, ist das Glück nach wie vor nicht in greifbare Nähe gerückt.

Das kennen wir wohl alle.

- »Ich werde glücklich sein, wenn ich das College abgeschlossen habe.«
- »Ich werde glücklich sein, wenn ich meinen neuen Freund gefunden habe.«
- »Ich werde glücklich sein, wenn ich das Mädchen meiner Träume heirate.«
- »Ich werde glücklich sein, wenn ich eine Strandhütte auf Hawaii kaufe.«
- »Ich werde glücklich sein, wenn ich befördert werde.«
- »Ich werde glücklich sein, wenn ich in das Haus mit dem weißen Lattenzaun einziehe.«
- »Ich werde glücklich sein, wenn ich drei Kinder habe.«
- »Ich werde glücklich sein, wenn ich diese Familienpackung Kartoffelchips aufesse.«

Wir empfinden womöglich kurze Glücksgefühle, sobald wir das Gewünschte nach langen Bemühungen endlich erlangen. Doch die Freude darüber lässt bald nach … – und siehe da, wir sind wieder am Ausgangspunkt angelangt.

Darf ich vorstellen: die Glückslücke

Der weltbekannte Business-Coach Dan Sullivan spricht über diese faszinierende Idee, die er *»forward gap«* (»Vorwärtslücke«) genannt hat und die sich auf die klassische menschliche Befindlichkeit der Unzufriedenheit bezieht.[17] Wir alle erleben diese Lücke, sobald unser Bewusstsein den Unterschied zwischen unserem Status quo und dem, wo wir sein *wollen,* bemerkt.

Die Vorwärtslücke ist der Abstand zwischen unserer gegenwärtigen Zufriedenheit und dem Glück, das wir vermeintlich durch ein zukünftig erreichtes Ergebnis erlangen.

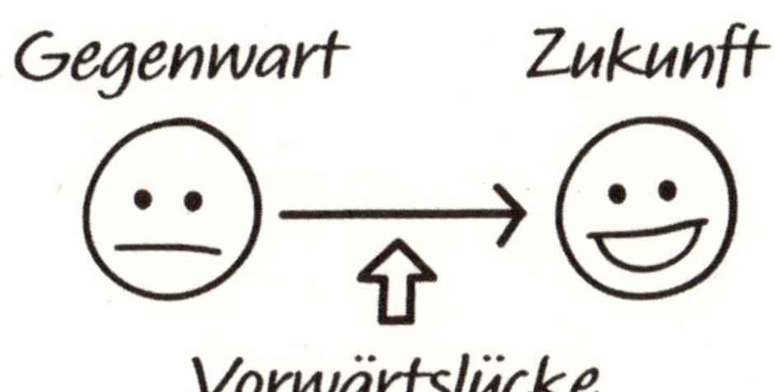

Wir sind auf diese Lücke fixiert und nutzen jede Gelegenheit, sie ein wenig zu verkleinern, in dem Glauben, wir seien dann glücklich. Doch leider wurden wir hereingelegt, denn wir werden diese Lücke nie und nimmer schließen können.

Es ist, als würde man auf den Horizont zulaufen, in der irrigen Annahme, dort die Sonne berühren zu können. Doch ganz gleich, wie schnell du läufst oder wie viele Kilometer du mühsam zurücklegst – die traurige Wahrheit ist, dass die Hitze des Horizonts niemals deine Haut berühren wird. Das ist die »Unruhe«, auf die sich Einstein in seinem berühmten Zettel bezog.

Sei einmal ehrlich: Hast du manchmal das Gefühl, dein Glück auf unbestimmte Zeit auf die lange Bank zu schieben? Das ist das »Ich werde glücklich sein, wenn …«-Syndrom in Reinkultur. Selbst wenn man es schafft, seine Ziele tatsächlich zu erreichen, ist die Lücke wieder da, bevor man sich versieht. Es ist ein bodenloser Kelch des Verlangens, den wir niemals füllen werden. Aber wir sind süchtig danach, es zu versuchen.

Solltest du dich jetzt ein bisschen angegriffen fühlen, ist das wahrscheinlich ein gutes Zeichen. Ich bin bereit, für deine persönliche Entwicklung dein schlechtes *Juju* auf mich zu nehmen. Aber du solltest wissen, dass du nicht allein bist. Einen Großteil meines Lebens bin auch ich wie ein Verrückter hinter diesem Horizont hergejagt, in dem verzweifelten Versuch, diese Lücke zu schließen. Ich hatte das »Ich werde glücklich sein, wenn«-Syndrom; leider holt es mich von Zeit zu Zeit immer noch ein. Und das ist eigentlich kein Wunder.

Wir wurden von Eltern erzogen, die sich bereits damit angesteckt hatten, weil ihre Eltern davon infiziert waren, weil wiederum deren Eltern es hatten, weil ihre Eltern darunter litten. Die Vorstellung, Glück könne man mit äußeren Mitteln erreichen, ist keineswegs neu.

Doch auch daran ist nichts verkehrt. Fortschritte werden gemacht, weil wir uns von Generation zu Generation danach sehnen, das Leben besser zu gestalten. Diese Sehnsucht hat einen positiven Aspekt: Sie bringt uns als menschliche Spezies dazu, *etwas aufzubauen, zu erfinden, zu erschaffen, zu verbessern* – immer und immer wieder.

Das große Geheimnis besteht jedoch darin, zu verstehen, dass Glück eigentlich der Raketentreibstoff für Produktivität ist. Und dass wir glücklich sein sollten, *bevor* wir unsere Ziele erreichen. Dan Sullivan definiert dies als *»reverse gap«* (»Rückwärtslücke«). Diese Rückwärtslücke erhält man rückblickend.

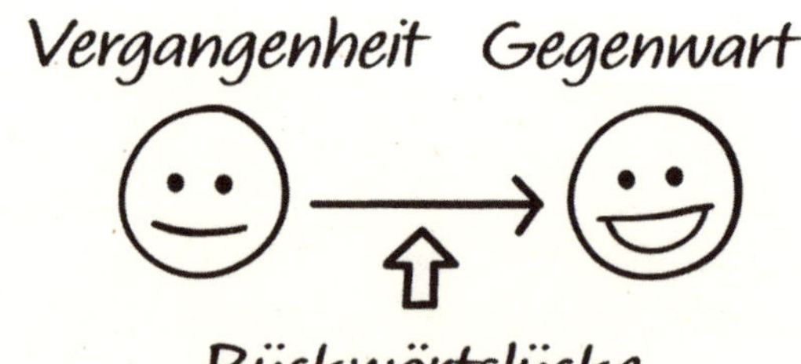

Es ist die Freude aus der Erkenntnis heraus, wie weit wir schon gekommen sind.

Es gilt, diese Rückwärtslücke ebenso zu nutzen wie die Vorwärtslücke, besonders dann, wenn du ein zielstrebiger Mensch bist und dich vor allem um deine Karriere bzw. dein Unternehmen kümmerst.

Dan Sullivan stellte bei Hunderten von Unternehmern ein »Vorwärtslücken-Muster« fest. Es waren wunderbare Menschen mit einem wundervollen Leben, doch sie fühlten sich nicht erfüllt. Sie litten unter dem »Ich werde glücklich sein, wenn …«-Syndrom.

Sie alle glaubten, sie ständen kurz vor ihrer Erfüllung. Und sie alle tappten in die Falle und jagten diesem Horizont hinterher, der sich immer weiter von ihnen entfernte. Sie versuchten die berüchtigte Glückslücke zu schließen, jedoch ohne Erfolg.

Also schlug Dan eine einfache Umkehrung dieses mentalen Modells vor. Seine Kunden trainierten täglich, nicht nur darauf zu achten, wohin sie gingen, sondern auch darauf, wo sie schon *waren.* Sie besannen sich auf die Erfolge, die sie bereits in der Tasche hatten. Sie besannen sich auf ihre Triumphe, ihre glücklichen Erinnerungen und die tiefen Beziehungen, die sie zu ihren Lieben geknüpft hatten. Sie fokussierten sich darauf, was sie hatten, und nicht auf das, was ihnen fehlte. Vor allem aber dachten sie darüber nach, wie weit sie als Menschen gekommen waren und wie sie sich zum Besseren verändert hatten. Sie entwickelten ein ruhigeres Leben, mit weniger Unruhe. Oder anders ausgedrückt: Sie übten sich in Dankbarkeit. Einstein wäre stolz gewesen.

Warum sind wir so besessen davon, glückliche Zufriedenheit aufzuschieben?

Wir leben in einer Gesellschaft, die uns ständig daran erinnert, wie viel glücklicher wir wären, wenn wir das kaufen würden, was uns verkauft werden soll. Unser Glück hat einen Preis, und niemand blättert mehr Geld hin als jemand mit dem »Ich werde glücklich sein, wenn …«-Syndrom. Wenn wir in der Vorwärtslücke feststecken, lässt unsere konsumorientierte Gesellschaft den Champagnerkorken knallen, um zu feiern. Jawohl, wir werden dazu ermutigt, ein bisschen unglücklich zu sein.

Warum? Weil sich mit glücklichen Menschen nicht so viel Geld verdienen lässt, stimmt's?

Überlege einmal, wie viele Schönheitsunternehmen pleitegehen würden, wenn Frauen morgens aufwachen und sich mit ihrem Körper wohlfühlen würden.

Stell dir vor, wie das Elektronik-Megamonster (das Ding mit dem Apfel …) zerfallen würde, wenn sich die Leute nicht mehr um Upgrades scheren und stattdessen echte FaceTime mit ihren geliebten Menschen verbringen würden.

Oder wie schnell die Pharmaindustrie untergehen würde, wenn wir die Zügel unserer geistigen Gesundheit ganzheitlich in die Hand nehmen würden. Dazu später mehr.

Du verstehst bestimmt, was ich meine. Wir leben in einer Welt, die ständig neue, immer glänzendere Lösungen anbietet, damit wir mit äußeren Mitteln (vermeintlich) glücklich werden.

Du bist in dieser Welt aufgewachsen. Aber du musst darin nicht weiterleben, wenn du das nicht willst.

Die rebellische Natur der Dankbarkeit

Dankbarkeit ist bei Weitem der schnellste und effizienteste Weg, um allein durch Gedanken Glücksstoffe im Körper zu produzieren. Es geht darum, das zu wollen, was man bereits hat, es emotional zu würdigen und anzuerkennen. Es geht darum, für die Segnungen und Geschenke, die das Leben für uns bereithält, dankbar zu sein, seien sie nun groß oder klein. Es geht darum, dort präsent zu sein, wo man gerade steht, und ein Glas auf all die guten Dinge zu erheben, die man hat.

Das ist das wahre Glück, wenn du mich fragst.

Und obwohl es verlockend ist, der Masse zu folgen und kurzfristigen Dopaminschüben nachzujagen, anstatt wahres Glück zu pflegen, schwöre ich, dass es den Kampf wert ist. Denn das durch Dankbarkeit erzeugte Wohlbefinden ist die Art von

Glück, bei der es kein »falls« oder »wenn« gibt. Es ist die Art, die nie aus der Mode kommt. Es ist die Art, die, genau wie Mitgefühl, keinen Cent kostet.

Außerdem ist Dankbarkeit auf vielen Ebenen ein Akt der Rebellion. Dankbarkeit lehnt sich auf gegen ...

... die Lücke,
... das »Ich werde glücklich sein, wenn ...«-Syndrom,
... die gesellschaftliche Vorstellung davon,
wie Glück auszusehen hat,
... den Konsumwahn,
... Elend, Depression und Mangel.

Dankbarkeit schafft magische Ergebnisse in unserer Innen- und Außenwelt. Aber das ist keine Magie. Es ist Wissenschaft.

Die Wissenschaft von der Dankbarkeit

Über Dankbarkeit wurden Hunderte von wissenschaftlichen Studien durchgeführt, und das aus gutem Grund. Dankbarkeit ist die menschliche Eigenschaft, die am häufigsten mit Wohlbefinden in Verbindung gebracht wird. Je mehr wir sie erforschen, desto begeisterter sind Wissenschaftler, Hirnexperten, Psychologen und Menschen, die sich für persönliche Entwicklung engagieren. Dankbarkeit ist wirklich etwas sehr Mächtiges.

Meine Lieblingsstudie ist wahrscheinlich die von Dr. Robert A. Emmons von der University of California in Davis.[18] Alle Studienteilnehmer sollten wöchentlich ein paar Sätze zu einem Thema in ihr Tagebuch schreiben, und zwar entsprechend der Gruppe, der sie zugeteilt waren.

Die Probanden der ersten Gruppe schrieben über Dinge, für die sie dankbar waren. Die Mitglieder der zweiten Gruppen schrieben über die Dinge, die schiefgelaufen waren oder die ihnen in irgendeiner Weise missfielen. Und die Versuchspersonen in der dritten Gruppe schrieben über alle Ereignisse, die sie in der vergangenen Woche beeinflusst hatten, ohne groß zu berücksichtigen, ob positiv oder negativ.

Nach zehn Wochen lagen die Ergebnisse vor. Jene, die sich darauf fokussierten, wofür sie dankbar waren, waren optimistischer und erfüllter und beurteilten ihr Leben insgesamt positiver – was keine Überraschung war. Überraschenderweise trieben sie jedoch im Vergleich zu den beiden anderen Gruppen auch mehr Sport und gingen weniger häufig zum Arzt. Außerdem hielten die Effekte noch lange nach dem Experiment an.

Wie gesagt, dies ist nur eine unter Hunderten von unglaublichen Studien zum Thema »Dankbarkeit«. Ich schätze mal, du hast nicht unbedingt Lust, jede einzelne davon durchzugehen. Wichtig zu wissen ist: Sie alle beweisen, dass in Geist und Körper Unglaubliches passiert, wenn allein durch Gedanken, Dankbarkeitstagebücher oder Meditation Gefühle der Dankbarkeit erzeugt werden.

Wissenschaftliche Studien haben weitere Nachweise zur Dankbarkeit erbracht. Sie wird unter anderem mit folgenden Nutzeneffekten in Verbindung gebracht:

1. Erhöhte Energie und Vitalität
2. Höhere emotionale Intelligenz
3. Verbesserte Stimmung (Freisetzung von Glücksstoffen im Gehirn)
4. Größere Bereitschaft zum Verzeihen
5. Vorbeugung oder Linderung von Depressionen und Angstzuständen
6. Verbesserte Beziehungen und Kontaktfreudigkeit
7. Besserer, tieferer Schlaf
8. Weniger Entzündungen und Kopfschmerzen
9. Weniger körperliche Erschöpfung
10. Gesteigerte Lebenszufriedenheit[19]

Ein Tag im Leben deines zukünftigen Ichs (mit regelmäßiger Dankbarkeitspraxis) könnte dann etwa so aussehen: Du wachst nach einem tiefen, erholsamen Schlaf mit Frühlingsgefühlen auf. Dank deiner höheren emotionalen Intelligenz bist du auch gleich bereit, mit Familie und Kollegen zu interagieren. Deinen Job würden andere womöglich als stressig bezeichnen, aber du bist davon nicht annähernd so gestresst wie deine Kollegen. Auch mit Schuldzuweisungen bist du nicht so schnell zur Stelle. Bei deinen täglichen Besprechungen wirst du von Kollegen oft gefragt, warum du immer so fröhlich wirkst. Du lächelst, bist konzentriert, körperlich vital, voll und ganz bereit für die Herausforderungen des Tages. Abends beim Nachhausekommen reitest du immer noch auf den Wellen deiner guten Laune. Und beim Schlafengehen empfindest du ein Gefühl tiefer Zufriedenheit über einen weiteren gut gelebten Tag.

Würde uns jemand eine kleine Pille anbieten, die all diese Vorteile ohne Nebenwirkungen und kostenlos bietet, würden wir sie ihm aus der Hand reißen, oder? Wie kommt es also, dass von Dankbarkeit kaum die Rede ist, aber sehr wohl über Antidepressiva wie Prozac & Co.?

Nun, die Pharmaindustrie hat eine sehr starke Lobby. Und die Lobby der Dankbarkeit? Die ist nicht so wirklich stark.

Toll für den Geist und toll für den Geldbeutel: Mit Dankbarkeit kostet es dich keinen einzigen Cent, glücklich zu sein. Die ganze tiefe Heilung und das Glück finden in deinem Kopf statt. Biologisch und glutenfrei. Das funktioniert auch ohne eine neue Salzlampe, eine Yogamatte, ungesalzene Butter von Kühen aus Weidehaltung, Gebetsperlen oder ein Lehrbuch zum Thema »Entdecke dein Göttlich-Weibliches durch Aromatherapie«.

Okay, etwas könntest du dir doch kaufen, nämlich ein schönes Dankbarkeitstagebuch, in das du Einträge notierst, bevor du zu Bett gehst. Aber das war's auch schon. Es springt für dich wirklich mehr dabei heraus, als du investieren musst.

Die Mythen der Dankbarkeit

Genauso wie das Mitgefühl mit vielen falschen Vorstellungen behaftet ist, ranken sich auch um die Dankbarkeit eine Reihe von wenig hilfreichen Mythen. Damit wollen wir jetzt aufräumen.

Zunächst einmal denken viele Menschen, dass man nur dann in den Genuss der Vorteile von Dankbarkeit kommt, wenn im Leben alles glattläuft. Und zugegeben, Dankbarkeit fällt viel leichter, wenn wir Geschenke erhalten, Feinschmeckeressen verspeisen, ein gutes Gehalt bekommen oder mit unseren Freunden einmal so richtig auf die Pauke hauen.

Doch wenn du mich fragst, leuchtet die Dankbarkeit in den dunkelsten Zeiten am hellsten. Dankbarkeit an sich baut ein unglaubliches Maß an Resilienz auf und bewahrt uns davor, in ein Depressionsloch zu fallen. Die Fähigkeit, inmitten von Schmerz und Chaos innezuhalten und deren Wert zu erkennen, wird uns bis zum Tag unseres Todes von Nutzen sein.

Manchmal wirst du schlecht gelaunt aufwachen, weil du mies geschlafen hast. Dann hast du zwei Möglichkeiten: Du kannst dich selbst und deinen Schlafmangel verfluchen, oder du kannst dankbar sein, dass du – im Gegensatz zu mindestens einer Milliarde Menschen auf der Welt – ein Bett und ein Dach über dem Kopf hast.[20]

Ich will dich und deine Gefühle hier nicht schlechtmachen; Schlafmangel macht einen wirklich fertig. Aber wir haben immer die Wahl, worauf wir unseren Fokus richten. Durch diese Übung lernst du, dass es immer etwas gibt, wofür du dankbar sein kannst, egal, wie düster die Dinge auch erscheinen mögen. Und das macht es viel leichter, die Schwierigkeiten des Lebens zu meistern.

Ja, ein Kollege war heute Morgen kurz angebunden, aber vielleicht könntest du dankbar sein, dass du einen gut bezahlten Job und ein paar nettere Kollegen hast?

Sicher, dein letztes Date endete ziemlich besch…eiden, aber du könntest dankbar sein, dass du diese Frau bzw. diesen Mann nie wiedersehen musst und die Gesellschaft von Freunden genießen kannst, oder?

Wir leugnen also nicht unsere Unzulänglichkeiten, wir stellen sie nur in einen anderen Zusammenhang. Wir graben das Gold aus dem Dreck heraus. Es gibt immer mehr Gold in deinem Leben, als du denkst.

Jeden Tag dankbar zu sein, hat nichts mit großen Gewinnen wie einem Sechser im Lotto zu tun oder der Nachricht, dass dein Buch auf der Bestsellerliste der *»New York Times«* steht, oder deinem erfolgreich absolvierten ersten Marathon. Du kannst auch für die kleinen Dinge des Lebens dankbar sein.

Komischerweise kommt es nicht so sehr darauf an, *was* man zu schätzen weiß, sondern vielmehr darauf, wie sehr man diese Wertschätzung *fühlt.*

Stell dir vor, du schwelgst in Oxytocin und Wertschätzung, während dein Kind dich umarmt.

Stell dir vor, wie schön es ist, wenn deine Kollegin dir eine Tasse Tee reicht, um dir eine Freude zu machen.

Stell dir vor, wie du morgens deinen ersten bewussten Atemzug nimmst und dein Herz von Dankbarkeit erfüllt ist, einfach weil du am Leben bist.

Es kommt nicht darauf an, wie groß die Freude und Dankbarkeit sind, sondern auf die *Bewegung der Emotion* [»Emotion« stammt aus dem Lateinischen und bedeutet »Bewegung nach außen« (Anm.d.Übers.)].

Wenn du dich in Dankbarkeit übst, versuche also, nicht einfach schnell die mentalen Bewegungen bzw. Abläufe wie eine Checkliste abzuarbeiten. Spüre stattdessen mit allen Sinnen in jede einzelne Erinnerung hinein. Es ist kostenlos, es ist biologisch, und du hast es dir verdient.

Und falls du noch nie aktiv regelmäßig Dankbarkeit praktiziert hast?

Dann mach dich nicht dafür runter. Das bedeutet nicht, dass du von Natur aus ein undankbarer Mensch bist. Es handelt sich schließlich um eine Dankbarkeits-*Praxis,* und ehe du dich versiehst, wird sie sich, eben weil du sie praktizierst, viel natürlicher anfühlen.

Außerdem haben manche Leserinnen und Leser dieses Buches womöglich ein sehr hartes Leben hinter sich und meinen vielleicht, sie hätten im Leben nicht viel bekommen, wofür sie dankbar sein können. Es ist in Ordnung. Oftmals hat das, was uns im Leben widerfährt, einfach nur mit Glück zu tun, und das Leben kann viele Herausforderungen und Hürden mit sich bringen.

Aber wie gesagt, einer der größten Mythen über Dankbarkeit besagt, das Leben müsse sich perfekt anfühlen, damit man dankbar sein kann.

Wenn du eine schwierige Zeit durchmachst

Vergiss nicht: Auch die glücklichsten Menschen profitieren von Dankbarkeit, doch unglückliche Menschen, die durch die Hölle gehen, *brauchen* die Dankbarkeit mehr als alle anderen.

Vielleicht gehörst auch du gerade zu diesen Menschen.

Manchmal scheint uns das Leben nicht gerade Karten an die Hand gegeben zu haben, für die wir dankbar sein könnten. Womöglich hattest du kein Glück, und bei dir ist nicht alles rundgelaufen.

Manche Leser und Leserinnen dieses Buches leiden im Stillen unter einer missbräuchlichen Beziehung. Andere stecken in einem Job mit schlimmen Arbeitsbedingungen fest, in einem Unternehmen, das ihre Menschenrechte verletzt. Wieder andere leiden an einer auszehrenden und entkräftenden Krankheit.

Ich sehe ein, dass es in solch unglaublich schwierigen Zeiten nahezu unmöglich ist, Dankbarkeit für diese besondere Notlage zu verlangen; das würde wirklich an Respektlosigkeit grenzen. Ich sage also nicht, du sollst deine Lebensumstände verleugnen. Dankbar zu sein bedeutet nicht, eine missbräuchliche Beziehung zu akzeptieren, sich mit einer vergifteten Arbeitsatmosphäre abzufinden oder den Kampf gegen den Krebs aufzugeben.

Aber du kannst für dein Leben im Allgemeinen dankbar sein und gleichzeitig die Kraft aufbringen, die notwendigen Veränderungen vorzunehmen, um dich aus jeder noch so schmerzhaften Situation zu befreien. Und wenn du das kannst, lautet meine dringende Empfehlung: *Tu es!* Es gibt immer Hoffnung, auch wenn sie noch so schwach ist.

Vielleicht ist dieser Teil für dich schwer zu verdauen – das ist völlig verständlich. Aber ich bleibe dabei: Man kann wirklich immer Liebe und Wertschätzung für etwas ganz Bestimmtes zeigen. Nämlich für dich selbst!

Und genau das musst du. Du verdienst diese Wertschätzung mehr, als ich überhaupt sagen kann. Das nennt man *Selbstwertgefühl,* und es ist ein grundlegender Bestandteil der 6-Phasen-Meditation.

Wenn du den Tiefpunkt erreicht hast und dich am Ende fühlst, wird die Dankbarkeit für die einfachsten Dinge deine Rettung sein!

Dankbarkeit ist der stille, bescheidene Schlüsselfaktor, um die größten Traumata zu überstehen und die Freuden des Lebens zu genießen.

Ich könnte ein ganzes Buch über Dankbarkeit schreiben, aber für diesen Moment hoffe ich erst einmal, dass dich dieses Kapitel von ihrer Kraft überzeugt und dich dazu inspiriert, Dankbarkeit zu praktizieren.

Die 3x3-Dankbarkeits-Methode

Du weißt nun alles über die Wissenschaft und die Vorteile der Dankbarkeit und hast mit den Mythen aufgeräumt; jetzt werde ich dir die Praxis erläutern.

In der 6-Phasen-Meditation wirst du Schritt für Schritt durch die 3x3-Dankbarkeits-Methode geführt. Auch hier unterstützt dich die Audioaufnahme, aber bevor du damit anfängst, solltest du besser etwas Klarheit über den Prozess gewinnen.

Die 3x3-Dankbarkeits-Methode heißt so, weil du dich dabei auf drei verschiedene Aspekte deines Lebens und drei Dinge fokussierst, für die du in jeder dieser Kategorien dankbar bist. Diese drei verschiedenen Aspekte deines Lebens sind dein Privatleben, dein Arbeitsleben und dein wunderbares Selbst (bzw. dein Selbstwertgefühl). In jedem dieser Bereiche wirst du drei Dinge finden, für die du dankbar bist, zum Beispiel:

Privatleben

#1: »Ich bin dankbar, dass ich jeden Morgen neben meinem wunderbaren Partner/meiner wunderbaren Partnerin aufwachen darf.«

#2: »Ich bin wirklich dankbar für die lustige, weinselige Geburtstagsparty, die meine Freunde gestern Abend für mich ausgerichtet haben.«

#3: »Ich bin wirklich dankbar für die köstliche Tasse Kaffee, die mir jeden Tag in meinem Lieblingscafé serviert wird.«

Arbeitsleben

#1: »Ich bin dankbar für meinen Job und dafür, wie herausfordernd und anregend er ist und wie viel Spaß er machen kann.«

#2: »Ich bin meiner Kollegin ... [Name] sehr dankbar, dass sie mir immer ein Lächeln schenkt, wenn ich ins Büro komme.«

#3: »Ich bin wirklich dankbar für das Geld, das mir jeden Monat von meinem Unternehmen zufließt – Geld, das mir eine hohe Lebensqualität ermöglicht.«

Du selbst

#1: »Ich bin dankbar, dass ich zu den Menschen gehöre, denen es leichtfällt, Zuneigung zu geben und zu empfangen, und ich schätze die Tatsache, dass ich so liebenswert bin.«
#2: »Ich weiß meinen Körper wirklich zu schätzen, und ich mag meine Figur.«
#3: »Ich bin wirklich dankbar für meine einzigartigen Talente, die Sprachen, die ich spreche, und meine Fähigkeit, mein geistiges Potenzial optimal auszuschöpfen.«

Dies sind nur ein paar Beispiele; du kannst deinen Gedanken hier freien Lauf lassen – Hauptsache, du deckst alle drei Bereiche ab.

Ich habe die Übung so konzipiert, weil ich immer wieder festgestellt habe, dass Menschen, die die Dankbarkeitsmeditation praktizieren, gerne nur für den stärksten Bereich ihres Lebens dankbar sind.

Workaholics fokussieren sich für gewöhnlich auf ihre beruflichen Erfolge und vergessen ihr Privatleben. Familienmenschen denken bei dieser Übung womöglich nur an ihre Kinder und ihren Partner bzw. ihre Partnerin und lassen ihre Karriere außen vor. Dadurch entsteht ein Ungleichgewicht.

Viele Menschen machen einen weiteren Fehler, wenn sie ihre Dankbarkeit zum Ausdruck bringen: Aus Angst, als Narzissten abgestempelt zu werden, denken wir selten darüber nach, was uns zu so unglaublichen Menschen macht. Deshalb lassen wir uns lieber Bestätigung von außen geben, lassen uns den Becher von anderen Menschen füllen: mit ihrem Feedback, ihren Komplimenten und ihrer Bestätigung, dass wir gute, erfolgreiche Menschen sind, anstatt dass wir unseren Becher selbst füllen. Meiner Meinung nach ist das Problem also nicht zu viel Selbstliebe, sondern eher zu wenig.

Also ganz ehrlich, ich kenne niemanden, der sich gerne selbst lobt. Aber ich kenne jede Menge Leute, die nur zu gerne darüber reden, wie wenig sie können, dass sie nicht genug in der Welt leisten oder wie sehr sie ihre dicken Oberschenkel verabscheuen.

Unser Körperbild

Dieses Gefühl der Unzulänglichkeit ist beim Körperbild am stärksten ausgeprägt. An irgendeiner Stelle haben wir alle etwas gegen unseren armen Körper. Du bist vielleicht übergewichtig oder untergewichtig. Oder du bist kleiner oder größer, als es für dein Geschlecht »normal« ist. Womöglich ist deine Haut nicht so beneidenswert, wie sie laut Fernsehwerbung sein sollte. Vielleicht hast du Narben oder ein sichtbares Gesundheitsproblem. Oder deine Zähne sind nicht strahlend weiß und nicht gerade. Die Liste lässt sich fortsetzen, und wahrscheinlich empfindest du dich in dem einen oder anderen Bereich nicht als perfekt.

Doch in dem Moment, in dem du diese Zeilen liest, bist du ein lebendiges, atmendes menschliches Wesen, das durch einen vollkommenen Glücksfall hier ist. Du bist das Ergebnis eines Spermas, das einfach das unglaubliche Glück hatte, in ein Ei zu gelangen, welches auch wiederum unglaubliches Glück hatte. Du warst nicht nur einer von einer Million, sondern einer von 500 Millionen. Dein Körper, dieser Körper, in dem du Glückspilz lebst, ist an und für sich schon ein phänomenales Wunder.

Also bitte, tu dir selbst einen Gefallen und schätze deinen Körper so, wie er ist. Wir müssen damit aufhören, unseren Körper in ein bestimmtes Schönheitsklischee zu pressen. Natürlich sollten wir auf uns achten, damit wir gesund sind, aber mit der Scham muss Schluss sein!

Ich habe Folgendes herausgefunden: Wenn wir den Menschen beibringen, für sich selbst dankbar zu sein und sich ein paar Minuten Zeit zu nehmen, um über alles nachzudenken, was sie an ihrem Körper und ihrem Charakter *mögen,* passiert etwas Großartiges.

Erstens: Es fühlt sich gut an, und dieses Gefühl der Ganzheitlichkeit und des Friedens begleitet sie den ganzen Tag über.

Zweitens: Sie sind nicht mehr so unsicher, sondern selbstbewusster und widerstandsfähiger gegen Hasser. Sie fühlen sich nicht mehr mangelhaft, sondern stattdessen vollständig.

Drittens: Sie festigen ihre Beziehung zu sich selbst signifikant.

Viertens: Sie unterhalten gesündere Beziehungen zu anderen Menschen, weil sie nicht mehr so bedürftig und nicht mehr auf die ständige Bestätigung durch andere angewiesen sind.

Nicht schlecht für ein paar Sekunden Selbstwertgefühl pro Tag, oder?

Dankbarkeit und Manifestation

Und wenn all diese Gründe, die Dankbarkeitsmeditation zu praktizieren, noch nicht genug wären – na, du weißt schon: das Selbstvertrauen, die glückliche Zufriedenheit, weniger Arztbesuche, die Erfüllung, die Rettung aus jeglichem Loch der Verzweiflung …?

Dann gibt es sogar noch mehr gute Gründe …!

Dankbarkeit steht in engem Zusammenhang mit Leistungsfähigkeit, Erfolg und Reichtum.[21]

Und warum? Es ist eben so, wie der beliebte Motivationsredner »Zig« Ziglar einmal sagte:

»Je dankbarer du für das bist, was du hast, desto mehr wirst du haben, für das du dankbar sein kannst.«

Einige der reichsten Menschen der Welt praktizierten Dankbarkeit, um mehr Geld »anzuziehen«. Und es funktioniert! In *»The Science of Getting Rich«* [dt. Ausg.: *»Die Wissenschaft des Reichwerdens«*] schrieb der Autor Wallace Wattles:

»Der dankbare Geist ist ständig auf das Beste fixiert.
Daher neigt er dazu, das Beste zu werden;
er nimmt die Form oder den Charakter des Besten an
und wird das Beste erhalten.«

Das ist keine Floskel, das ist Logik. Übst du regelmäßig Dankbarkeit, wird es sich so anfühlen, auch wenn sich dein Kontostand eine Zeit lang nicht ändert. Fülle ist schließlich eine Geisteshaltung. Und wie wir gesehen haben, zieht der Geist der Fülle wie ein Magnet mehr Fülle an. Gleiches zieht Gleiches an.

Gib dein Bestes, um diese Praxis der Dankbarkeit zu vervollkommnen; es könnte gut sein, dass sie die einzige Zutat ist, deren Fehlen dich von wahrer Freude, Frieden und Wohlstand abhält.

Glück und Dankbarkeit – das Protokoll

Schritt 1: Dein Privatleben

Im ersten Schritt denkst du an drei Dinge, Ereignisse oder Menschen aus deinem Privatleben, für die du dankbar bist.

Dabei ist es egal, ob du an etwas von gestern oder von vor 20 Jahren denkst. Es spielt keine Rolle, ob ein geliebter Mensch lebt oder verstorben ist. Und es ist auch unwichtig, ob es sich dabei um eine große Sache oder um eine Kleinigkeit handelt. Du kannst Themen und Zeiten beliebig mischen – solange du Wertschätzung empfindest, ist das völlig egal.

Du kannst daran denken, wie tief du letzte Nacht geschlafen hast – was du wirklich nötig hattest. Oder du wertschätzst, wie dich dein Zuhause vor Kälte und Regen schützt. Oder du denkst an die köstlichen, nahrhaften Lebensmittel in deinem Kühlschrank – ein Privileg, das Milliarden von Menschen nie erleben.

Du könntest dich auch an den Tag erinnern, an dem du deinen Ehepartner bzw. deine Partnerin zum ersten Mal gesehen hast, du könntest noch einmal die Schmetterlinge im Bauch spüren und dankbar sein, weil du diesen Menschen kennengelernt hast. Oder vielleicht erinnerst du dich dankbar an die Rucksacktour, die du mit Freunden in deinen Zwanzigern unternommen hast, oder kannst andere wertvolle Erinnerungen wertschätzen, die dich zum Strahlen bringen, sobald du daran denkst.

Wie gesagt, solltest du nicht bloß eine Liste erstellen, denn es geht nicht um die Liste an sich, sondern um die Gefühle, die mit jeder Erinnerung, Person oder Sache verknüpft sind. Spüre also die guten Schwingungen, spüre die Liebe und bringe die Wertschätzung zum Ausdruck.

Das ist der einfache Teil. Schritt 2 ist für die meisten Menschen eventuell eine kleine Herausforderung.

Schritt 2: Dein Arbeitsleben

Als Nächstes geht es darum, wofür du in deiner beruflichen Laufbahn und deinem Arbeitsleben dankbar bist. Diesen Bereich des Lebens habe ich ganz bewusst einbezogen, denn er wird – ebenso wie die vielen damit einhergehenden Vorteile – von vielen Menschen unterschätzt. Doch immerhin arbeiten die meisten von uns fünf Tage in der Woche, und so sollten wir uns auch die Dankbarkeit für unsere Arbeit zur Gewohnheit machen.

Selbst wenn du deinen derzeitigen Arbeitsplatz zutiefst verabscheust, gibt es ganz bestimmt irgendetwas, wofür du dankbar sein kannst. Damit will ich keineswegs von dir verlangen, dort zu bleiben, falls du schon daran gedacht hast, das Bürohaus fluchtartig hinter dir zu lassen. Ja, wenn du so unglücklich bist, solltest du wahrscheinlich gehen. Aber bis es so weit ist, solltest du dir drei Dinge in deinem Arbeitsleben vor Augen führen, die du schätzt.

Zumindest könntest du darüber nachdenken, wie dankbar du für das Geld bist, das jeden Monat auf deinem Konto eingeht, und wie es dich und deine Familie unterstützt.

Oder vielleicht gibt es da einen besonderen Kollegen, mit dem du zusammenarbeitest, und bist dankbar für seine Freundlichkeit dir gegenüber.

Womöglich bist du aber auch dankbar für die hohen Anforderungen in deinem Job und dafür, dass du dadurch dazugelernt und dich weiterentwickelt hast.

Du könnest sogar an die verrückte Weihnachtsfeier vor ein paar Jahren zurückdenken, als die Empfangsdame beschwipst war und sowohl urkomisch als auch unbeholfen viel zu viele Intimitäten ausplauderte, und dich darüber amüsieren, es miterlebt zu haben.

Achte einfach auf diesen Bereich, und ehe du dich versiehst, wirst du deine Sichtweise auf deinen Job zum Besseren gewendet haben und dadurch viel positiver gestimmt sein.

Schritt 3: **Du selbst**

Okay, für die Neulinge in Sachen »persönliches Wachstum und Selbsterforschung« fühlt sich dieser Schritt anfangs wahrscheinlich schwierig an. Wie du ja schon gelesen hast, geht es in Schritt 3 darum, uns selbst Respekt und Wertschätzung entgegenzubringen – aber das wurde uns nie beigebracht.

Praktiziere Selbstliebe, dann kannst du als die beste, selbstbewussteste Version deiner selbst in die Welt hinausgehen.

Wie in den Schritten 1 und 2 werden wieder drei Schwerpunkte ausgewählt.

Du könntest zum Beispiel damit beginnen, dich für deine Offenheit zu schätzen, dass du es überhaupt versuchst; diese Offenheit unterscheidet dich sowieso schon von vielen anderen Menschen.

Oder du bist dankbar, dass du ein freundlicher, gutherziger Mensch bist.

Du kannst auch einen deiner körperlichen Aspekte auswählen, den du zu schätzen weißt, beispielsweise deine Augenfarbe, deine starken Beine, die dich um die Welt getragen haben, oder dein authentisches Lächeln, das auch andere zum Lächeln bringt.

Du könntest dich auf deine intellektuellen Fähigkeiten fokussieren und zum Beispiel wertschätzen, dass sich dein Geist ständig weiterentwickelt, neue Sprachen oder Fertigkeiten erlernt und auf neue Ideen kommt.

Oder du bist dankbar für deine Motivation; dafür, dass du nie eine Yogastunde verpasst, dass du (fast) immer deine Termine wahrnimmst und dich jeden Tag um eine gesunde Ernährung bemühst.

Du könntest dich dafür bedanken, dass du ein großartiger Vater bzw. eine fantastische Mutter bist, oder darüber nachdenken, wie weit du als CEO dein Unternehmen gebracht hast.

Fang einfach an! Dieser letzte Schritt ist der schwierigste, aber auch bei Weitem der wichtigste. Wenn alles schiefläuft und dich die Karten, die dir privat wie auch beruflich zugewiesen wurden, in die Knie zwingen, kannst du immer noch auf dein Selbstwertgefühl zurückgreifen.

***

So, jetzt kehren wir die Auswirkungen des »Ich werde glücklich sein, wenn …«-Syndroms um. Wir kehren die Vorwärtslücke um. Wir nehmen unsere geistige Gesundheit selbst in die Hand; dafür ist kein teures Rezept nötig.

Zeit, die man in einem Zustand der Dankbarkeit verbringt, ist niemals verschwendet. Und wie wir gesehen haben, gibt es immer etwas, wofür man dankbar sein kann. Natürlich leben wir in einer unvollkommenen Welt, und wir werden uns immer wünschen, dass sich in unserem und in anderer Leute Leben etwas ändert. Wir werden immer in Versuchung geraten, den Weg des »Ich werde glücklich sein, wenn …«-Syndroms einzuschlagen, aber wir werden es nicht tun.

Denn wie wir inzwischen wissen, ist Dankbarkeit das einzige Gegenmittel gegen unsere endlosen Kreisläufe aus Verlangen, Sehnsucht, Leere und Streben. Uns einen Dankbarkeitsvorrat anzulegen, ist das Klügste, was wir tun können, wenn wir ein wirklich glückliches Leben führen wollen.

Der berühmte griechische Stoiker Epiktet brachte es vor einigen Tausend Jahren am besten auf den Punkt. Seine Worte sind heute so wahr wie damals:

»Weise ist, wer nicht bedauert, was er nicht hat,
sondern sich an dem freut, was er hat.«

***

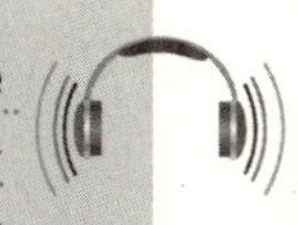

Bevor du mit dem nächsten Kapitel weitermachst, starte deine 6-Phasen-Meditation, um dort direkt in die Audiomeditation einzutauchen, in der du durch das Dankbarkeits-Protokoll geführt wirst.

Die Audiomeditationen bauen Schritt für Schritt aufeinander auf, sodass du bei jeder neuen Phase zudem auch die zurückliegende(n) Phase(n) erneut praktizierst. Im weiteren Verlauf werden daher die Meditationen immer etwas mehr Zeit beanspruchen. Wiederholung macht den Meister!

In diesem Audio beginnen wir also mit Phase 1 – Der Kreis der Liebe und des Mitgefühls – und machen dann mit Phase 2 weiter: Glücklichsein und Dankbarkeit. Dadurch wird die Kraft der Meditation verstärkt.

***

3

PHASE 3

Frieden durch Vergebung

»Als ich zur Tür hinaus- und auf das Tor zuging,
das mich in die Freiheit führen würde, wusste ich,
dass ich, wenn ich meine Verbitterung und
meinen Hass nicht hinter mir lassen würde,
immer noch im Gefängnis säße.«
< Nelson Mandela >

An dieser Stelle möchte ich dich mit den *»3 R«* bekannt machen, nämlich (im Englischen): *Resentment* (Groll), *Rejection* (Ablehnung) und *Regret* (Bedauern).

Als Mensch auf dem Planeten Erde wirst du alle drei irgendwann einmal erleben.

Diese drei sind von allen Gefühlen die heimtückischsten. Sie nagen an dir und deinem Gemütszustand – über Tage, Wochen, Monate oder auch Jahre hinweg. Und warum? Weil sie alle auf vergangenen Ereignissen beruhen.

Wie sagt doch der beliebteste schamanische Affe der Welt in Disneys *»Der König der Löwen«*?

»Oh ja, die Vergangenheit kann wehtun!«

Als Rafiki mit seinem krummen Stab unerbittlich auf Simbas Kopf schlägt, erkennt Simba, dass der Schmerz nicht verschwunden ist, nur weil in der Vergangenheit etwas Verletzendes passiert ist. Solange wir nichts daraus lernen und es loslassen, werden auch die *»3 R«* nicht weggehen. Die Schläge und Hiebe des Lebens werden weiterhin auf unsere Köpfe niederprasseln und immer schwerer zu ertragen sein.

An diesem Punkt kommt Vergebung ins Spiel.

Vergebung – das ultimative Gegenmittel für die Schmerzen der Vergangenheit

Eine weithin akzeptierte Definition von Vergebung lautet wie folgt:

Vergebung ist die Entscheidung, die Rachegelüste und den Groll gegenüber der Person, die einem Unrecht zugefügt hat, loszulassen.

Dem stimme ich zu, aber ich glaube, es geht um noch mehr als das. Meiner Überzeugung nach geht es bei der Vergebung weniger um die andere Person, sondern mehr darum, sich selbst von der Negativität zu befreien. Für mich ist Vergebung das unterschätzte Gegenmittel gegen das Gift der *»3 R«*. Denn man kann die Vergangenheit nicht ändern, aber man kann durchaus anders über sie denken.

Durch Vergebung können sich Wut, Ärger und Feindseligkeit abkühlen, sodass wieder Platz für Glück gemacht wird. Nur durch Vergebung können Herzen und Beziehungen heilen.

Durch Vergebung können wir in eine bessere Zukunft gehen, frei von den Fesseln *desjenigen, dessen Name nicht genannt werden darf* [siehe Voldemort in »Harry Potter«]. Dazu später mehr.

Darüber hinaus hat die Wissenschaft inzwischen verblüffend neue Erkenntnisse darüber gewonnen, wie sich Vergebung auf den physischen Körper auswirkt.

Die seltsamen, unglaublichen Vorteile der Vergebung

Eine gemeinsame Studie verschiedener Universitäten in Amerika, Asien und Europa ergab, dass »Menschen, die dazu hingeführt werden, Vergebung zu empfinden, Hügel als weniger steil wahrnehmen und in vermeintlichen Fitnesstests höher springen als Menschen, die dazu gebracht werden, Unversöhnlichkeit zu empfinden.«[22]

Diese Ergebnisse belegen, dass Vergebung die körperliche Last der Unversöhnlichkeit im wahrsten Sinne des Wortes leichter machen kann, was sich positiv auf die Gesundheit, die Leistungsfähigkeit und die Ausdauer auswirkt.

Die Vorteile des Verzeihens beschränken sich nicht nur auf emotionale Erleichterung ... Verzeihen kann dazu führen, dass man sich buchstäblich leichter fühlt, wenn man einen Berg hinaufwandert oder beim Basketball Körbe wirft. Gute Nachrichten also für Sherpas und NBA-Spieler!

Kein Witz: Nachdem ich einmal einen Vortrag über diese Vergebungsstudie gehalten hatte, kontaktierte mich tatsächlich ein olympischer Basketballspieler. Er wollte wissen, wie er die Vergebungsmeditationen vertiefen kann, damit er mit seinen Sprüngen Gold holen kann.

Hier ist ein weiterer unerwarteter, merkwürdiger Vorteil. Alle mit Herz-Kreislauf-Problemen sollten die Ohren spitzen:

Vergebung fördert nachgewiesenermaßen einen gesunden Herzschlag und verbessert den Blutdruck.[23] Ist das nicht wunderbar? Das physische *und* das metaphorische Herz werden durch Vergebung geheilt – zwei Fliegen mit einer Klappe!

Wer daran arbeitet, Vergebung zu praktizieren, setzt außerdem seine geistige Gesundheit einem viel geringeren Risiko aus und lässt sein schlechtes *Juju* nicht so schnell an seinen Mitmenschen aus. Wenn du also die Entscheidung triffst, zu vergeben, sendest du auch keine Welleneffekte des Schmerzes mehr aus. Das ist doch ziemlich heldenhaft, oder?

Wer hätte gedacht, dass sich all diese Vorteile aus kurzen, meditationsbasierten Vergebungsübungen ergeben?

Dieses ganze revolutionäre Vergebungs-Ding ist übrigens relativ neu für mich. Menschen zu verzeihen, die mir Unrecht zugefügt haben, war nie meine Stärke. Weit davon entfernt. Ich bin eigentlich nur durch einen glücklichen Zufall darauf gestoßen, welche Vorteile es mit sich bringt, seinen Feinden zu verzeihen.

Und hier kommt bei der Geschichte ein bisschen mehr Metaphysik ins Spiel.

Ein Biohacking-Experiment zur Übertragung der Gehirnaktivität eines Mönchs auf die eigene Gehirnaktivität

Alles begann damit, dass ich in einem dunklen Raum in British Columbia mit zwölf Elektroden an meinem Kopf festgeschnallt wurde, in der Hoffnung, unter Druck ganz Zen-mäßig entspannen zu können. Das war im Jahr 2016, und ich befand mich in einer der seltsamsten Einrichtungen, in denen ich je gewesen war. Ich war im Begriff, die körperlichen, geistigen und – was noch wichtiger ist – spirituellen Vorteile der Vergebung aus erster Hand zu erfahren. Und ich sage dir, mit nichts davon hatte ich gerechnet.

Ich hatte beschlossen, an einem fünftägigen Gehirntraining namens *»40 Years of Zen«* teilzunehmen. Es war eine gemeinsame Veranstaltung von Dr. James Hardt und dem berühmten Biohacker Dave Asprey. Ich hoffte, meinen Geist durch Meditation neu zu vernetzen, um »mein ungenutztes Potenzial zu erschließen«. Ich war mir nicht hundertprozentig im Klaren darüber, was das bedeutete, und genau deshalb war ich auch gekommen. Ich habe nun mal eine Schwäche für Geheimnisse.

Es kostete mich 15.000 Dollar, um auf die Warteliste zu kommen. Fünfzehntausend Dollar sind kein Pappenstiel. Und selbstverständlich nahmen an diesen Kursen und Experimenten lauter sehr erfolgreiche, sehr reiche Leute teil, die sich alle eine Überdosis Glückseligkeit davon erhofften. Wir hatten keine Ahnung, dass uns die Vergebung an diesen Punkt bringen würde.

Schon lange, bevor ich dort auftauchte, hatten die Wissenschaftler des Instituts die Gehirnströme von Zen-Mönchen untersucht, die zwanzig bis vierzig Jahre lang intensiv meditiert hatten.[24]

Wie die Analyse ergab, unterscheiden sich die Gehirne der Mönche von denen eines Normalsterblichen; genauer gesagt, sie unterscheiden sich in zwei Aspekten: Erstens hatten ihre Alphawellen (die Wellen, die das Gehirn aussendet, wenn man entspannt ist) sehr hohe Wellenamplituden. Zweitens wiesen die Gehirnwellen eine sogenannte »Links-Rechts-Kohärenz« auf (eine beeindruckende Symmetrie der Gehirnwellen zwischen der logischen, analytischen Seite und der kreativen, intuitiven Seite des Gehirns), und zwar nicht nur während der Meditation, sondern auch im normalen, alltäglichen Wachzustand.

Das gesamte Team war von diesen spannenden Erkenntnissen begeistert und erklärte uns, wie Alphawellen-induzierende Meditation das Gehirn zum Positiven verändern kann, wie man in den Flow kommt, den IQ steigern und auch die Kreativität erhöhen kann. Doch noch spannender war das, was sie der neuen Gruppe von Versuchskaninchen, zu denen ich gehörte, erzählten: Sie wollten herausfinden, ob es möglich ist, Zen-ähnliche Geisteszustände auf normale Menschen zu übertragen. Sie versuchten, dauerhafte Veränderungen in den Gehirnmustern von Menschen zu erzeugen – Muster, die den Gehirnen von Mönchen ähneln, die zwanzig bis vierzig Jahre lang konsequent meditiert haben.

Da bin ich wirklich hellhörig geworden.

Schon bald wurde mir klar, dass es sich hier nicht um irgendeinen Hokuspokus handelte, sondern um etwas *Reales*. Ich mit meiner angeborenen Skepsis kann abgehobenes Zeug nicht wirklich tolerieren. Komm mir mit wissenschaftlichen Erkenntnissen, dann ist die Sache geritzt. Und in diesem Institut gab es wirklich nichts als Experimente, Analysen und Ergebnisse.

Jeden Tag, fünf Tage lang, saßen wir nach der fünfstündigen Meditation in einer Kammer, in der unsere Gehirne an Maschinen angeschlossen waren, mit dem jeweils für uns zuständigen Neurowissenschaftler zusammen und analysierten unsere Hirnwellenzustände und -veränderungen.

Ich hatte eigentlich gedacht, ich wüsste alles über die wesentlichen Elemente der Meditation und wie man damit maximale Ergebnisse erreicht. Aber ich hatte mich geirrt. Meine Gehirnströme wiesen zwar auf einen ziemlich Zen-mäßig entspannten Geisteszustand hin, aber im Vergleich zu denen von Sally war das gar nichts.

Eben diese Sally pflanzte in mir den Samen der Neugierde auf Vergebung und war die Inspiration für Phase 3. Sally erlebte zweifelsohne eine der größten Gehirnwellenveränderungen, mit denen das Institut jemals zu tun hatte. Ihre Geschichte war der Stoff, aus dem Legenden gemacht werden.

Sally war verzweifelt und gestresst ins Institut gekommen. Im Lauf von fünf Tagen wiesen ihre Gehirnströme allerdings bemerkenswerte, für die Wissenschaftler echt verblüffende Veränderungen auf.

Doch was genau hatte sie getan, um solche erstaunlichen Ergebnisse zu erzielen?

Zu diesem Zeitpunkt war das Institut erst ein paar Jahre alt, und die Forscher waren sich noch nicht ganz sicher, welche meditativen Modalitäten zu diesen glückseligen Verfassungen führten. Es war der ruhigste »Tumult« aller Zeiten. Sie setzten die Leute einfach in Biofeedback-Kammern und sagten ihnen, sie sollten verrücktspielen. Entspann dich, atme tief durch, denke glückliche Gedanken, stell dir den Ozean vor, finde es heraus.

Auch Sally machte das. Aber niemand war so erfolgreich wie sie. Als das Institut nachfragte, welche Technik sie benutzte, fragte sie: »Wollt ihr das wirklich wissen?«

Ja, wirklich, sie wollten es wissen. Alle Wissenschaftler nickten gleichzeitig und sahen zu, wie sie tief einatmete und dann hemmungslos rief: *»Ich habe meinem Arschloch von Ehemann verdammt noch mal verziehen!«*

Sally hatte sich, wie sie erklärte, während ihres Gehirntrainings der aktiven Vergebung ihres Exmannes gewidmet. Bis heute haben wir keine Ahnung, was ihr Exmann ihr angetan hat. Aber was auch immer sie bei der Meditation im Labor an Dampf abgelassen hat, es hat Wunder für ihr Gehirn bewirkt.

Vergebung als ein Alphawellen-induzierendes Werkzeug der Megaklasse? Das ist interessant. Die Wissenschaftler des Instituts haben Tausende und Abertausende von Menschen aus allen Gesellschaftsschichten untersucht und festgestellt, dass es einen absolut sicheren Weg gibt, um diese wünschenswerten Gehirnzustände zu erreichen. Und zwar durch eine Vergebungspraxis. Vergebung war der Schlüssel, damit die eigenen Gehirnwellen denen von Zen-Roshi-Mönchen, die jahrzehntelang meditiert hatten, am meisten ähnelten.

Aber an dieser Stelle wird das Konzept etwas unheimlich.

Am vierten Tag der Veranstaltung frühstückte ich in einem nahe gelegenen Gasthaus, in dem ich mit anderen Teilnehmern untergebracht war. Plötzlich sahen wir Matt (Name geändert) die Treppe hinunterlaufen und auf sein Handy schauen. Matt war zu uns ins Institut gekommen, weil er eine schwere Zeit durchgemacht hatte. Deshalb wollte er auch bis zu diesem Morgen nicht mit uns reden. Er war sichtlich beunruhigt und sah aus, als hätte er gerade einen Geist gesehen.

»Matt, was ist los?«, fragte ich.

Seine Antwort: »Mein ..., mein Bruder hat mir gerade eine Nachricht geschickt.«

»Sind es schlechte Nachrichten, ist etwas schiefgelaufen?«

»Nein ... Es ist nur so, dass ich seit zwei Jahren nicht mehr mit meinem Bruder gesprochen habe.«

Matt erklärte, dass etwas Unerklärliches passiert war. Er hatte nämlich die letzten drei Tage im Institut damit verbracht, seinem Bruder zu vergeben. Was sein Bruder ihm als Kind angetan hatte, hatte ihn wirklich aus der Bahn geworfen.

In seinen Zwanzigern war Matt schwer abhängig von Kokain und Sex mit Prostituierten geworden, um mit seinem Schmerz umzugehen. Sein ungesundes Verhältnis zur Intimität ruinierte sein Leben, denn er fühlte sich unfähig, sinnvolle Beziehungen einzugehen. Aber das hatte nichts mit klischeehaftem Ruhm zu tun, einem Rock-'n'-Roll-Lebensstil nach dem Motto »Lebe kurz, stirb jung und hab jede Menge Spaß dabei«. Er befand sich auf dem Weg in den Ruin, weil sein Bruder ihn als Kind sexuell missbraucht hatte. Verständlicherweise verabscheute Matt seinen Bruder.

Nachdem er im Institut von der Kraft der Vergebung für die persönliche Heilung erfahren hatte, versuchte er seinem Bruder zu verzeihen. Und dann, am vierten Tag, geschah das Ungewöhnliche: Matts Bruder hatte ihm aus heiterem Himmel ein Video auf sein Handy geschickt, in dem er Matt mitteilte, wie leid es ihm tat, und ihn um Vergebung bat.

Matts Bruder hatte absolut keine Ahnung gehabt, dass Matt in diesem Institut war.

Seine Geschichte hat uns alle erschüttert. Und wie sie zeigt, scheint Vergebung nichtphysische Grenzen zu überwinden und sich auf das Leben derjenigen Menschen auszuwirken, denen wir vergeben wollen. Außerdem hatte die Vergebung eine heilende Wirkung sowohl auf das Opfer als auch auf den Täter.

Die Ausstrahlungseffekte der Vergebung in das nichtphysische Feld

Jahre später stieß ich in einem Interview mit Gary Zukav, einem amerikanischen Lehrer und Autor für Selbstermächtigung, auf eine Vorstellung, die solche Phänomene erklärt. Er sprach darüber, wie vollkommen und tief wir in der nichtphysischen Welt miteinander verbunden sind – viel mehr, als man uns glauben machen will. Gary sagte:

> *»Das nichtphysische Gesetz ermöglicht es uns, nichtphysische Ursachen zu nutzen, um sowohl nichtphysische als auch physische Wirkungen zu erzeugen. Das heißt nicht, dass wir nicht die Kontrolle über das haben, was wir erschaffen. Ganz im Gegenteil! Es bedeutet, dass wir völlig frei sind, zu erschaffen, was wir wollen, vorausgesetzt, wir wissen, wie das nichtphysische Gesetz von Ursache und Wirkung funktioniert.«*

Gary würde also sagen, dass das, was mit Matt geschah, kein Zufall war. Matt schuf dieses Resultat mit seinem Bruder im nichtphysischen Feld durch Vergebung.

Wie Gary weiterhin erklärte, sind wir in der nichtphysischen Realität eigentlich mehr zu Hause als in der physischen Realität, die wir gerade um uns herum sehen. Überlege einmal: Wir kamen aus der nichtphysischen Realität, bevor wir geboren wurden, und wir werden zu ihr zurückkehren, wenn wir sterben. Und während wir auf der Erde leben, wohnt ein großer Teil von uns immer noch in dieser nichtphysischen Welt und entwickelt sich dort weiter. Daher findet ein Großteil unserer Interaktionen mit anderen Menschen womöglich tatsächlich in dieser nichtphysischen Realität statt. Gary hat es so formuliert:

> *»Unsere Intentionen sind unsere nichtphysischen Ursachen, die Energie in Bewegung setzen. Sie erzeugen eine Vielzahl von Wirkungen und bestimmen damit die Erfahrungen unseres Lebens.«*

Wie sich gezeigt hat, kann Vergebung selbst dann, wenn die andere Person nicht weiß, dass man ihr etwas verzeiht, Wellen schlagen, die keiner von uns derzeit versteht.

Geht es durch Vergebung also nicht nur uns selbst gut, sondern könnte sie womöglich das Verhalten der Menschen um uns herum direkt beeinflussen? Die einfache Antwort lautet: Ja! Also beschloss ich, es selbst zu versuchen.

Mein seltsamer Glücksfall nach der Erfahrung von tiefer Vergebung

Nachdem ich eigene Recherchen über andere Vorteile der Vergebung durchgeführt hatte, hatte ich den Drang, diese Sache mit der Vergebung selbst auszuprobieren. Und lustigerweise erreichte ich an dem Tag, an dem ich beschloss, demjenigen zu vergeben, der meinen größten Schmerz verursacht hatte, meine bisher höchste Alphawellen-Amplitude.

Ich weiß noch, wie ich nach der Meditation die Augen öffnete und mir die Tränen über die Wangen liefen, bevor ich auf dem Biofeedback-Bildschirm die höchste Zahl sah, die ich je erreicht hatte. Das war ein Labsal für meine wunden Augen (im wahrsten Sinn des Wortes).

Aber damit nicht genug des Guten. Im Sommer 2017 kehrte ich zu meinem Vergebungstraining bei *»40 Years of Zen«* zurück, diesmal in Seattle. Dort bestätigte sich, dass Vergebung nicht nur den Seelenfrieden und das Alpha-Niveau erhöht, sondern auch magische Ergebnisse in der äußeren Welt bewirkt.

Wie die Wissenschaftler mir erklärten, besteht einer der Nebeneffekte dieses Prozesses in schneller eintretenden Synchronizitäten und Manifestationen. Kurz gesagt, deine innigsten Wünsche und Träume werden schneller und leichter wahr. Aber das waren ja Wissenschaftler, deshalb haben sie nicht die Worte *»Synchronizität«* und *»Manifestation«* verwendet, sondern sagten, die Menschen schienen »mehr Glück« zu haben.

Was für ein schönes Versprechen!

Wie 99 Prozent der Kinder meiner Generation wurde mir von älteren und weiseren Menschen gesagt, dass etwas, das zu gut klingt, um wahr zu sein, wahrscheinlich auch nicht wahr ist. Ich hatte also meine Zweifel dabei. Doch dann hatte ich wirklich ungewöhnliches, unerwartetes, überwältigendes *Glück.*

Nachdem ich in jenem Sommer mein Vergebungstraining abgeschlossen hatte, kehrte ich nach Hause zurück und ging meinem Leben nach. Ich kehrte in die »reale« Welt zurück – du weißt schon: Arbeit, Kinder, Rechnungen, normale Dinge halt. Ich dachte nicht mehr an das, was die Wissenschaftler über die ganze Sache mit der Vergebung gesagt hatten, also glückliches Leben bis zum Ende deiner Tage.

Im Jahr zuvor hatte ich gerade mein erstes Buch *»The Code of the Extraordinary Mind«* [dt. Ausg.: *»Definiere dich NEU: Das Update für ein außergewöhnliches Leben«*] veröffentlicht und machte mir ganz ehrlich ein bisschen Sorgen darüber, wie es laufen würde. Wenn man ein Buch schreibt, begibt man sich automatisch in eine sehr verletzliche Position. Der Drang, nach Rezensionen und Rankings zu suchen, ist überwältigend stark, aber man tut es nicht. Man tut es nicht, weil sich das zu einer Obsession entwickeln und dann alles weiter bergab gehen könnte. Deshalb lautet die Regel: Sobald man ein Buch veröffentlicht hat, besteht die einzige Aufgabe darin, die Ergebnisse loszulassen und auf das Beste zu hoffen.

Zu diesem Zeitpunkt wusste ich bereits, dass das Buch halbwegs erfolgreich war, trotzdem schaut man *nie* seine Amazon-Seite oder seine Buchverkaufszahlen oder Ranglisten an. Man sagt sich, das ist erledigt, und macht mit dem nächsten Buch weiter.

Ein paar Wochen nach meinem Training hatte ich einen seltsamen Impuls: »Schau doch mal, wie dein Buch auf Amazon läuft«, sagte meine Intuition eines Nachmittags, während ich an meinem Computer arbeitete (und nur so nebenbei: Wenn man Vergebung praktiziert, wird man intuitiver).

Was? Nein, bestimmt nicht! Man schaut keinesfalls bei Amazon nach.

»Schau doch mal, wie dein Buch auf Amazon läuft.«

Aber ...

»Schau doch mal, wie dein Buch auf Amazon läuft.«

Die Stimme blieb hartnäckig dabei, dass ich diesmal die Regel brechen sollte. Also habe ich klein beigegeben.

Wie bitte ...? Noch einmal checken.

Das kann einfach nicht sein. Also noch mal checken.

Amazon wies mich in jenen Tagen als den zweitbestverkauften Autor der Welt aus, noch vor Tolkien und J.K. Rowling. Und was noch seltsamer war: Am Tag zuvor, am 16. September 2017, war mein Buch auf Amazon Kindle die Nummer eins *weltweit* geworden.

Das war für mich als Schriftsteller Musik in meinen ungläubigen Ohren.

War das ein Zufall? Vielleicht. Oder war es der »Glücksfall«, von dem die Wissenschaftler gesprochen hatten?

Wie sich zeigt, ist Vergebung an sich schon ein transzendentales Training, das zu außergewöhnlichen Ereignissen in unserem Leben führen kann. Es ist ein unglaublich mächtiges Werkzeug zum Manifestieren sowie ein Weg zu Gesundheit und Wohlstand.

Verstehen wir sie vollständig? Nein. Aber wie der Physiker Nassim Haramein einmal sagte:

> *»Spiritualität ist nichts anderes als Physik, für die wir noch keine Gleichung gefunden haben.«*

Aber ... Können wir alles und jedem verzeihen?

Ich weiß schon, was du jetzt denkst. Das ist ja alles schön und gut, aber was ist, wenn jemand etwas wirklich Schlimmes getan hat? Was ist, wenn die Tat unverzeihlich ist?

Nun, zunächst einmal tust du das für dich selbst, nicht für die andere Person. Wer nicht vergibt, betrügt sich selbst, denn natürlich bist du all dieser Vorteile würdig und verdienst es, ein Leben ohne Groll zu führen.

Die erste Regel der Vergebung lautet: Wir können absolut *alles* verzeihen.

Erinnere dich einfach an meinen Freund Matt, wenn du das nächste Mal meinst, etwas sei unverzeihlich. Wenn Matt seinem Bruder, der ihn als Kind sexuell missbraucht hat, verzeihen kann, dann kannst auch du der Person verzeihen, die dich verletzt hat.

Wenn Nelson Mandela seine Gefängniswärter (die ihn ungerechterweise 27 Jahre lang einsperrten) zum Essen einladen kann, um mit ihnen das Brot zu brechen, dann kannst auch du dem Menschen vergeben, der dir dein Leben vermasselt hat.

Vergebung macht dich frei, aber wie wir gesehen haben, kann sie auch Türen zu erstaunlichen Möglichkeiten öffnen und dir die erforderlichen Eigenschaften verleihen, damit du dein bestes Leben leben kannst.

Wie Vergebung dich frei macht: Ken Hondas Geschichte

Es gibt da diesen unglaublichen Mann namens Ken Honda. Er ist auch als »der glückliche Panda« bekannt und ist der ganze Stolz Japans. Und das aus gutem Grund. Der »Zen-Millionär« (ein weiterer Name für ihn) ist wirklich einer der erfolgreichsten, nettesten und erfülltesten Menschen, die ich je kennengelernt habe. Und weißt du was? Er führt seinen Erfolg zu einem großen Teil auf die Praxis der Vergebung zurück.

In seinem Mindvalley-Kurs *»Money EQ«* erzählte er uns etwas sehr Persönliches: Als kleiner Junge hatte Ken Angst vor seinem Vater, einem extrem reglementierten, japanischen Geschäftsmann, der zu kämpfen hatte; er war durch die Herausforderungen des Lebens hart geworden und ließ es gern an seinem Sohn aus. Aber der Vater erzählte Ken nie, welche Probleme er hatte, und er wich auch nie von seinem stoischen Weg ab. Wie die meisten japanischen Männer jener Zeit zeigte sein Vater nie seine Gefühle.

Bis Ken eines Abends in die Küche kam und seinen Vater schluchzend vorfand.

Als er das gerötete Gesicht seines Vaters und den Tränenstrom auf den männlichen Händen sah, mit denen dieser sein Gesicht zu verbergen suchte, erlebte Ken etwas für ihn völlig Neues, noch nie Dagewesenes. Er wusste nicht, dass Männer weinen können.

»Mein Vater … weint?« Klar, dass Ken verblüfft war. Was konnte seinen großen, autoritären, felsenharten Vater dazu bringen, wie ein Baby zu weinen?

Na, die *eine* Sache, um die sich alles in der Welt dreht: Geld natürlich.

Damit nahm eine Abwärtsspirale ihren Lauf. Die Familie hatte finanziell zu kämpfen, und trotz seiner Jugend wurde sich Ken ihrer Geldprobleme sehr bewusst: Geld muss etwas

Schlechtes sein. Geld macht Stress. Es ist nie genug Geld da. Geld bringt meinen Vater zum Weinen.

Ken übernahm unter anderem diese Glaubenssätze über das Konzept des Geldes; es sind klassische Überzeugungen.

Unsere einschränkenden Glaubenssätze werden uns von unseren Eltern mitgegeben, und sie verwandeln sich schnell in große Blockaden, die sich im Lauf der Zeit verfestigen. Geldblockaden sind wahrscheinlich die häufigsten von allen, und leider haben sie auch oft die größten Konsequenzen. Eine davon? Das Geld fließt nicht mehr zu dir, weil *du nicht daran glaubst,* dass es fließen wird.

Das hat Ken viele Schwierigkeiten bereitet, als er aufwuchs, und daran war nur sein Vater schuld. Sein Vater hatte ihn nicht nur emotional im Stich gelassen und ihm in seiner Kindheit wenig bis gar keine Liebe entgegengebracht, sondern ihm auch riesige Geldblockaden auferlegt. Danke, Papa.

Aber die Geschichte hat ein Happy End. Sieht man sich Kens heutiges Profil an, hat er natürlich einen Weg gefunden, über alldem zu stehen. Und wie? Ken beschreibt, was passiert ist:

> *»Das Wichtigste für mich war, meinem Vater zu verzeihen. Nach ein paar Versuchen habe ich ihm schließlich vergeben. Und in dieser Vergebung fanden wir eine tiefe Verbindung. Ich hörte von ihm sogar die Worte: ›Das tut mir alles so leid.‹ Damit hatte ich überhaupt nicht gerechnet.«*

Ken verzieh seinem Vater, dass er ihm als Kind das Leben schwergemacht hatte, und wie sich herausstellte, war Kens Vater von seinem eigenen Vater genauso schlecht behandelt worden.

> *»Er wurde lange vor mir auf dieselbe Weise von seinem Vater verletzt. Jetzt haben wir also eine neue Verbindung. Mitgefühl. Heute sind wir wie Brüder tief miteinander verbunden.«*

Verletzte Menschen verletzen Menschen, und dieses Verständnis half Ken, mit seinem Vater in Verbindung zu gehen und ihm schneller zu verzeihen. Aber das war noch nicht alles. Ken heilte nicht nur seine finanziellen Wunden, sondern das neu gewonnene Mitgefühl für seinen Vater öffnete ihm die Tür zu seiner großen Erfolgsgeschichte. Er erzählte mir Folgendes:

> *»Früher hatte ich große Probleme damit, Menschen zuzuhören, die älter waren als ich, weil ich ihnen nicht vertraute, so wie ich meinem Vater nicht vertraut hatte. Aber nachdem ich den ganzen Schmerz in Bezug auf meinen Vater geheilt hatte, konnte ich mit älteren Menschen engere Beziehungen eingehen. Deshalb wurde ich ein so guter Schüler bei vielen meiner Geld-Mentoren, darunter der große Wahei Takeda.«*

Es war Wahei Takeda, der Warren Buffett von Japan, der Ken dabei half, Japans führender Autor von über fünfzig Büchern zu werden. Einer von zwanzig Japanern hat etwas von Ken gelesen. Kein anderer Schriftsteller kommt auch nur annähernd an ihn heran. Und dank seiner eigenen Vergebungsreise war er in der Lage, Millionen von Menschen dabei zu helfen, ihre Geldwunden zu heilen und ein besseres Leben zu führen.

»Ich habe euch nichts als Engel geschickt«

Wie alle seine Fans bestimmt wissen, ist auch Neale Donald Walsch ein großer Fürsprecher der Vergebung. Er ist vor allem für seine Buchreihe *»Gespräche mit Gott«* bekannt (von der mehr als 15 Millionen Exemplare verkauft wurden). Aber so erstaunlich diese Bücher auch sind – eines seiner weniger bekannten Werke hat einen ganz besonderen Platz in meinem Herzen. Es ist ein Kinderbuch über Vergebung.

Also, falls du wie ich kleine Kinder hast und ihnen beibringen möchtest, wie man verzeiht und mit all den damit verbundenen Emotionen gesund umgeht, solltest du dir unbedingt ein Exemplar besorgen. Es heißt *»The Little Soul and the Sun«* [dt. Ausg.: *»Ich bin das Licht! Die kleine Seele spricht mit Gott«*].[25] In diesem Buch verkündet Neale eine sehr interessante Botschaft, die kurz gefasst lautet: Gott, der Große Geist, das Universum, schickt dir alles, was du brauchst (nicht alles, was du willst), zur richtigen Zeit.

Wenn dich jemand betrügt, hältst du diese Person vielleicht für den Teufel in Verkleidung, aber in Wirklichkeit ist dieser Mensch da, um dir wertvolle Lektionen zu erteilen und dir eine Gelegenheit zur Selbsterkenntnis zu bieten. Oder wie Gott in dem Buch zu der kleinen Seele sagt: »Ich habe dir nichts als Engel geschickt.«

Das heißt nicht, dass man mit dem Täter gleich dick befreundet sein muss; das ist ein weit verbreiteter Irrglaube über Vergebung, der eher abschreckend wirkt. Bei der Vergebung geht es nicht darum, wieder mit dem Ex zusammenzukommen oder die Anklage fallen zu lassen, wenn jemand eine Straftat gegen dich begangen hat. Vergebung ist keine Begnadigung, und sie rechtfertigt auch nicht die schrecklichen, abscheulichen Taten, die dir zugefügt wurden. Auf keinen Fall. Das ist Sache der Justiz.

Um es auf den Punkt zu bringen: Du kannst dem Dieb verzeihen, meldest ihn aber trotzdem der Polizei, damit er nicht noch jemanden bestiehlt.

Und selbst wenn du keine Anzeige erstattet oder Anklage erhoben hast, kannst du dich zumindest darauf verlassen, dass das Karma zurückschlägt.

Das ist ein Scherz. (Nein, eben nicht.)

Aber im Ernst, du kannst mir glauben: Bei der Vergebung geht es nie um die andere Person; Vergebung ist ein persönlicher, innerer Prozess der Heilung. Es geht nur um *dich* und dein Wohlbefinden, nicht um das Wohlergehen eines anderen Menschen.

Du tust das alles für *dich selbst,* nicht für die andere Person. Durch diesen Prozess des Loslassens befreist du dich klugerweise von den giftigen *»3 R«* [Weißt du noch? *Resentment* (Groll), *Rejection* (Ablehnung) und *Regret* (Bedauern)] und beschließt, den Rest dem Universum zu überlassen.

Darüber hinaus vertritt Neale die Auffassung, dass man, wenn man einmal im Verzeihen geübt ist, an einen Punkt gelangt, an dem man tatsächlich immer weniger zu vergeben hat.

»Der Meister braucht nie zu vergeben«, sagte er mir, »denn der Meister versteht.«

Neale erklärte mir: Nachdem man sich wirklich tief auf das Vergeben einlässt, erfolgt der Akt der Vergebung an einem bestimmten Punkt schließlich automatisch. An diesem Punkt versteht man einfach die Perspektive der anderen (wie fehlerhaft sie auch sein mag) und wird nicht mehr durch ihre schlechten Entscheidungen oder Handlungen getriggert.

Das ist der Schlüssel zur nächsten Idee: *»unfuckwithable«* werden.

Vergebung – ein schneller Weg zur *»Unfuckwithability«*

Das ist ein weiteres Geschenk der Vergebung: die Fähigkeit, im Angesicht von Angriffen ruhig und stark zu sein.

Ich weiß noch, wie ich nach meiner Erfahrung bei der Veranstaltung *»40 Years of Zen«* zum Flughafen fuhr. Die Kursteilnehmer waren sich so nahe gekommen, dass wir alle beschlossen hatten, online miteinander in Kontakt zu bleiben.

Während ich zum Flughafen gefahren wurde, sah ich, dass Matt eine Nachricht in unserem Gruppenchat gepostet hatte, und zwar folgenden Meme:

*»UNF*CKWITHABLE*
Definition (Adj.): Wenn du wahrlich mit dir selbst in Verbindung und in Frieden bist. Du scherst dich um nichts von dem, was irgendjemand sagt oder tut; jegliche Negativität, jegliches Drama perlt an dir ab.«

Matt schrieb unter das Bild: »Ich glaube, diese ganze Vergebung hat uns alle einfach *unf*ckwithable* gemacht!«

Ich lächelte … und stimmte ihm voll und ganz zu.

Menschen, die *unfuckwithable* sind, entstehen nicht aus dem Nichts. Ein *Badass*, ein mutiger, taffer Veränderer, der den Status quo herausfordert [siehe Vishen Lakhianis Buch *»Buddha meets Badass«* (Anm.dt.Red.)], entsteht aus turbulenten Lebenserfahrungen, aus Zähigkeit, Blut, Schweiß, Tränen und Vergebung auf höchstem Niveau.

Das ist es also, was dir die Vergebung als Abschiedsgeschenk macht, zusammen mit wichtigen Lebenslektionen. Aber wenn ich von Vergebung rede, meine ich nicht nur die Täter, die dein Leben mit ihrem Mist »beehrt« haben. Man muss sich auch mit der Selbstvergebung auseinandersetzen. Das ist noch mal eine ganz andere Sache.

Musst du dir selbst verzeihen?

Selbstvergebung ist sogar noch schwieriger.

Viele von uns tragen heimliches Bedauern und Selbstvorwürfe wie Steine in der Tasche mit sich herum, ohne es zu wissen. Aber mit der Zeit hat diese fehlende Vergebung einen großen Einfluss auf dein Selbstwertgefühl.

Hör gut zu: Wenn du etwas Falsches getan hast, deine Lektion gelernt und dich verpflichtet hast, es nicht wieder zu tun, verdienst du es, dir selbst zu vergeben. Schluss, aus, fertig. Du kannst es loslassen.

Wir alle machen Fehler, und das macht uns nicht zu schlechten Menschen. Unsere Fehler müssen uns nicht definieren. Unsere hässlichen Taten machen uns nicht von Natur aus hässlich.

Denk daran: Am besten entschuldigst du dich bei anderen und bei dir selbst durch ein *verändertes Verhalten.*

Beim Lesen des Vergebungs-Protokolls solltest du wissen, dass es dir auch helfen soll, dir selbst zu vergeben. Sobald du darin gut bist, kannst du die winzigen Steine in der Tasche oder die großen Felsbrocken des Grolls aus deinem metaphorischen Rucksack entfernen. Ob es darum geht, den unfreundlichen Blick abzuschütteln, den dir der Kellner gestern beim Abendessen zugeworfen hat, dir selbst einen großen Verrat zu verzeihen oder dich von den Nadelstichen des Grolls gegen die Menschen zu befreien, die du liebst – Verzeihen bringt unzählige Vorteile.

Nochmals: Du erlässt niemandem seine Strafe und tust dies auch für niemanden außer für dich selbst. Vergiss das nicht.

So, jetzt aber zum Vergebungs-Protokoll, das ich für die 6-Phasen-Meditation entwickelt habe. Es wurde von Dr. James Hardt inspiriert und von Dave Aspreys Team bei *»40 Years of Zen«* weiterentwickelt.

Also, gehe freundlich mit dir selbst um, lass es langsam angehen und vertiefe mit der Zeit deine Vergebungsfähigkeit.

Vergebung – das Protokoll

Schritt 1: Bestimme, wem oder was du vergeben willst

Wähle aus, wem oder was du vergeben möchtest.

Beim ersten Mal solltest du mit etwas Kleinem anfangen. Vergebung ist wie ein Muskel; man muss ihn stärken, bevor man sich an die schweren Dinge wagt. Ich würde mir eine Person aussuchen, die ich wirklich liebe, wie meine Partnerin oder mein Kind, und ihr für irgendein alltägliches Ärgernis vergeben. Mit etwas Übung kannst du dich dann an die größeren, traumatischen Ereignisse herantasten, die dich seit Jahren verfolgen.

Aber das ist noch nicht alles. Denn vergiss nicht: Du kannst auch einer jüngeren Version von dir selbst etwas aus der Vergangenheit vergeben. Das kann genauso transformativ, wenn nicht sogar transformativer sein, als einem anderen Menschen zu vergeben.

Schritt 2: Schaffe den Raum

Wähle eine beruhigende, entspannende Umgebung, in der der Vergebungsprozess stattfinden kann. Das kann ein realer Ort sein, zum Beispiel dein Garten oder dein Wohnzimmer, aber du kannst dir auch einen Ort vorstellen, beispielsweise einen tropischen Strand in Costa Rica oder auch deine Version des Himmels oder einen heiligen Ort der Anbetung.

Lass im Kopf die betreffende Person in dieser Umgebung vor dir stehen. Mach dir bewusst, dass du in Sicherheit bist und dass dir auf dieser mentalen Theaterbühne nichts Schlimmes passieren kann. Dies alles geschieht in der Sicherheit deines Geistes.

Schritt 3: Verlies die Anklage

Nun stellst du dir vor, wie du die Person oder das, was für die Tat steht, in deinen sicheren Raum einlädst. Gleich wirst du die Anklage verlesen, wie ein Richter vor Gericht.

Du könntest Missetaten zum Beispiel folgendermaßen aufzählen: »… [Name einfügen], du hast mir durch … [Untat einfügen] Schmerz und Leid verursacht.« Oder: »… [Name einfügen], du hast mir sehr wehgetan, indem du … [Untat einfügen].«

Bleibe dabei förmlich, professionell und distanziert, aber gehe auch so gut wie möglich auf Einzelheiten ein. Verlies die »Anklage« wie ein professioneller Anwalt vor Gericht. Sage alles, auch warum du diese Tat für falsch hältst. Lass nichts aus.

Hier ist ein Beispiel für eine Anklage, die ich gedanklich verlas, als ich einem ehemaligen Schulrektor verzieh, der mich als Kind grausam bestraft hatte:

»Ich hatte an diesem Tag meine Shorts für den Sportunterricht vergessen. Und Sie wollten Ihre Macht ausnutzen, also haben Sie mich drangsaliert. Ich war 14 Jahre alt. Ich war ein Kind. Mein einziger Fehler war, dass ich vergessen hatte, meine Shorts einzupacken. Trotzdem haben Sie mich drei Stunden lang in der heißen Sonne auf dem Basketballplatz stehen lassen. Mein Klassenlehrer bat Sie, das zu lassen. Ich war ein guter Schüler und hatte gute Noten. Ich habe in der Sonne geschwitzt, bis ich fast ohnmächtig wurde. Ich habe meinen Respekt vor Ihnen verloren. Ich habe meinen Respekt vor meiner Schule verloren. Die Strafe muss dem Verbrechen angemessen sein. Man kann ein Kind nicht auf diese Weise bestrafen.«

Schritt 4: **Fühle die Wut und den Schmerz**

Nachdem du den Vorwurf geäußert hast, nimmst du dir einen Moment Zeit, um die Wut, den Groll und die Traurigkeit, die diese Person in dir ausgelöst hat, ganz zu spüren.

Bringe diese Gefühle auch zum Ausdruck: Schreie, weine, fluche; mach, was immer nötig ist, um all diese Gefühle zum Höhepunkt zu bringen (keine Sorge, dein Schmerz wird dadurch nur vorübergehend schlimmer; es ist wie eine geballte Faust – du musst sie ganz zusammenballen, erst dann kannst du sie vollständig loslassen und entspannen). Um dich sicherer zu fühlen, kannst du einen Timer auf zwei Minuten einstellen. Danach atmest du tief ein und beschließt, alles loszulassen.

Es geht hier nicht darum, deine Gefühle zu vergraben, sondern sie herauszulassen und dann zu heilen.

Schritt 5: **Finde heraus, welche Lektionen du gelernt hast**

Rumi sagte: *»Durch die Wunde kann das Licht in dich eintreten«;* das heißt, man kann aus jeder scheinbar negativen Erfahrung einen Wert und Nutzen ziehen. Was hast du also aus diesem Szenario gelernt?

Zum Beispiel: »Durch diese schmerzhafte Erfahrung habe ich gelernt, gesunde Grenzen zu setzen und meine Sucht danach, immer allen gefallen zu wollen, zu überwinden.« Oder: »Ich habe gelernt, dass ich viel stärker und widerstandsfähiger bin, als ich mir selbst zugetraut habe.«

Wenn wir herausfinden, welche der mit unseren schlechten Umständen verbundenen Lektionen uns zu einem besseren Menschen gemacht haben, geben wir unserem Leiden einen Sinn. Dieser Schritt deutet den entsprechenden Vorfall um, verleiht ihm einen Wert und schafft die Basis dafür, dass wir frei von Groll weitergehen können.

Mein Freund Michael Beckwith bezeichnet dies als einen »*Kensho*«-Moment, das bedeutet übersetzt: »Wachstum durch Schmerz«.

Schritt 6: **Überlege, wie die andere Person in der Vergangenheit verletzt worden sein könnte**

Verletzte Menschen verletzen Menschen. Wie hat diese Person also in der Vergangenheit gelitten? Wodurch wurde ihr schlechtes Verhalten dir gegenüber gefördert?

Zum Beispiel: »... [Name einfügen] verletzte mich so aufgrund seines mangelnden Selbstwertgefühls, unter dem er schon seit seiner Kindheit litt, weil er in der Schule schikaniert wurde. Das war Selbstsabotage.«

Lass deinen Ideen freien Lauf. Menschen sind nur selten von Natur aus böse, und wenn du ihre Geschichte einbeziehst, kannst du die Teile zusammensetzen und ein logisches Verständnis entwickeln.

Fällt dir das schwer? Dann hilft es dir vielleicht, diese Person vor deinem geistigen Auge in ihr jüngeres Ich zu verwandeln. Sieh diesen Menschen im Geist als Kind vor dir stehen. Was könnte ihn so verstört und kaputt gemacht haben, dass sein Verhalten für ihn in Ordnung war?

Als ich an den Schuldirektor dachte, der mich als Kind so grausam bestraft hatte, fiel mir ein, dass er früher Gewichtheber war. Vielleicht hatte er einen Trainer, der ihn zu weit trieb. Vielleicht hatte er das Gefühl, es würde mich stärker machen, wenn er wiederum Druck auf mich ausübte. Während ich ihn im Geiste als jüngeren Mann sah, vielleicht mit einem rücksichtslosen Trainer, begann ich zu verstehen, warum er so streng war.

Schritt 7: Betrachte die Szene durch die Augen der anderen Person

Für diesen Schritt musst du dir vorstellen, du hättest Superkräfte und könntest Gedanken lesen. Stell dir vor, du schwebst aus deinem Körper direkt in den Körper der anderen Person und siehst die Szene mit ihren Augen.

Welche Gedankengänge könnten erklären, warum sie dir das angetan hat? Was hat sie dabei gefühlt? Hat sie überhaupt daran gedacht, dass dir durch ihr Handeln Schmerzen zugefügt werden könnten? Welches Bild hatte sie zu diesem Zeitpunkt von dir?

Auch hier ist es sehr hilfreich, sich die Person als Kind vorzustellen. Was von dem, was dieser Mensch gesehen oder erlebt hat, hat ihn dazu gebracht, als unvollkommener Erwachsener mit all seinen Fehlern so zu handeln?

Du musst weder eine Rechtfertigung finden noch das Verhalten gutheißen. Du musst es nur selbst erleben, so gut du kannst. Hier kommt das Mitgefühl ins Spiel, und es gibt kein Getrenntsein mehr. Wir sind alle Menschen, wir sind alle miteinander verbunden, und wir sind alle auf irgendeine Weise unvollkommen.

Schritt 8: Verzeihe in Liebe

Ich weiß, das klingt kitschig, aber dieser Schritt ist durchaus bewusst so gestaltet.

Als ich die Wissenschaftler des Biocybernaut-Instituts fragte, woher wir wissen können, ob wir jemandem wirklich vergeben haben, sagten sie: »Das ist schwer zu sagen, aber am besten lässt es sich an einer Umarmung ablesen. Wenn du diese Person im Geist beim Meditieren vor dir siehst und dich bei dem Gedanken, sie zu umarmen, gut fühlst, hast du ihr höchstwahrscheinlich in Liebe vergeben.«

Die Frage lautet also: Kannst du dir mental ausmalen, dieser Person in deinem sicheren Raum voller Liebe zu vergeben, sodass du sie umarmen kannst?

Falls dir das schwerfällt, hilft es vielleicht, sich die Person wieder als Kind vorzustellen, als ein verlorenes, unschuldiges Kind, das es nicht besser wusste. Umarme es in der Gewissheit, dass du vollkommen geschützt bist. In diesem Stadium solltest du dich bereits viel leichter fühlen.

Jetzt hast du dich selbst geheilt, nicht diese Person. Du hast eine potenziell riesige karmische Narbe aus deinem System entfernt. Würden deine Gehirnwellen jetzt gemessen, wäre ein dramatischer Anstieg deiner Alphawellen und der Kohärenz zwischen linker und rechter Gehirnhälfte zu erkennen.

***

Wenn das, was du heilen willst, wirklich sehr schmerzhaft war, beschäftigst du dich womöglich in den nächsten Wochen beim täglichen Meditieren in Phase 3 immer mit derselben Person. Aber du wirst ihr mit der Zeit ganz gewiss verzeihen. Wie man in den Wald hineinruft, so schallt es heraus – du bekommst zurück, was du gibst. Wenn deine Absicht rein ist, wenn du dir wahrhaftig wünschst, zu vergeben, wirst du das auch schaffen, das kannst du mir wirklich glauben.

Ich behaupte nicht, dass es einfach ist, und das soll es auch gar nicht sein. Dies ist bei Weitem der schwierigste Teil der 6-Phasen-Meditation. Das zu tun, erfordert viel Kraft, und die meisten Menschen machen sich nicht einmal die Mühe, es zu versuchen. Aber du weißt inzwischen, warum es sich lohnt, die höher entwickelte Person zu sein, die genau das tut. Du weißt, dass du dich durch Vergebung von dem Schmerz befreist, der dich davon abhält, die beste Version deiner selbst zu sein.

Rumi sagte: *»Oh ihr, die ihr das Schleifen nicht vertragt … – wie soll aus euch jemals ein polierter Edelstein werden?«*

Lass dich also von der Rauheit des Lebens und all den fehlerhaften und fehlbaren Menschen, mit denen du auf deiner Reise zu tun hast, abschleifen.

Denn dann, und nur dann, kannst du hinausgehen und der ganzen Welt dein Licht zeigen.

***

Bevor du mit dem nächsten Kapitel weitermachst, starte bitte deine 6-Phasen-Meditation. Von dort aus kannst du direkt mit der Meditation beginnen, in der du durch das Vergebungs-Protokoll geführt wirst. Auch hier werden die zurückliegenden Meditationen wiederholt. Das dauert nicht lange, hilft dir aber dabei, die Kraft der Meditation zu verstärken und die Praxis zu festigen.

***

PHASE 4

Eine Vision für deine Zukunft

»Du musst nur entscheiden, was du mit der Zeit anfangen willst, die dir gegeben ist.«
< *Gandalf, »Herr der Ringe«* >

Ich hatte einen Traum. Sicher, es war kein so großer Traum wie der von Martin Luther King, aber für mich war es ein ziemlich bombastisches Ziel: Ich, Vishen Lakhiani, wollte mein Heimatland Malaysia bei einem internationalen Weltklasse-Taekwondo-Turnier vertreten.

Das war 1993, und ich war 17 Jahre alt. Damals begeisterte ich mich für Kampfsportarten und verehrte meine ultimativen Götter: Bruce Lee und Jean-Claude Van Damme (der damals gerade die Hauptrolle in dem Film *»Kickboxer«* gespielt hatte). Ich war eines dieser Kinder, die in der Schule kaum ein Gespräch führen können, und da ich die meiste Zeit meines Lebens gehänselt worden war, beschloss mein Vater, wie es sich für einen guten Vater gehört, mich beim Taekwondo (auch bekannt als koreanisches Karate) anzumelden, damit ich lernte, mich zur Wehr zu setzen.

Taekwondo gab mir neues Selbstvertrauen, und so übte ich jeden Tag obsessiv im Garten und trat barfuß gegen unseren Papayabaum, genau wie Jean-Claude Van Damme in seiner legendären Rolle in *»Kickboxer«*. Natürlich habe ich es nie geschafft, den Papayabaum umzuhauen, und ich habe meist beim ersten Anzeichen von stechendem Schmerz aufgegeben, aber ich war unbestreitbar enthusiastisch dabei.

Eines Nachmittags teilte mir mein Kampfsportlehrer die aufregendste Nachricht meines bisherigen Lebens mit: Bei den US Open 1993 in Colorado später im Jahr würde ein großes Taekwondo-Turnier stattfinden, und ich hätte die Chance, unser Land zu vertreten. Zuerst einmal müsste ich alle meine Klassenkameraden beim Bruchtest schlagen, das heißt, beim Zerschlagen eines Holzbretts. Nach der Auswahl würde ich bei den nationalen Meisterschaften gegen alle anderen Spitzensportler meines Landes antreten. Und erst, wenn ich in beiden Wettbewerben Gold holte, hatte ich die Chance, für die US Open ausgewählt zu werden.

Ich hatte noch nie einen Fuß in die Vereinigten Staaten gesetzt, und zu sagen, es war mein größter Traum, in die USA zu gehen, wäre noch eine Untertreibung. Die USA waren mein Mekka. Wie oft verlor ich mich in Tagträumen darüber, wie es sein würde: das Land der Hollywood-Filmstars, MTV, Coca-Cola, Hamburger ...?!

Um uns noch weiter anzuspornen, versprach mein Trainer den Finalisten einen Ausflug nach Disneyland. Damit war die Sache klar: Ich *musste* diesen Wettbewerb gewinnen. Und schon bald wurde er zur größten Obsession, mit der sich mein 17-jähriges Gehirn jemals herumgeschlagen hatte.

Meine Altersgenossen interessierten sich für Mädchen und Videospiele, ich dagegen vertiefte meine Studien über die Philosophie der kreativen Visualisierung.

Damals war ich ein begeisterter Manifestationsfanatiker. Meine Besessenheit vom Meditieren und kreativen Visualisieren nahm ihren Anfang, als ich im Bücherregal meines Vaters ein Buch mit dem Titel *»The Silva Mind Control Method«* entdeckte. Der Autor, José Silva, von dem ja schon die Rede war, hatte eine leistungsfähige Methode entwickelt, mit der man sein Gehirn darauf trainieren kann, in einen entspannten Zustand zu gelangen, bevor man die gewünschten Ergebnisse visualisiert.

Die Silva-Methode war eines der frühesten und populärsten Programme für persönliche Entwicklung in Amerika und war in den 1980er-Jahren so bedeutend wie heute Tony Robbins oder Mindvalley.

Mit meinem Grundwissen über die Silva-Methode bewaffnet, machte ich mich ans Üben. Ich wurde ein regelrechter Teenager-Spezialist der kreativen Visualisierung. Etwa zehn Monate vor dem Wettbewerb setzte ich mich jeden Tag dreimal hin und sah, wie sich mein Traum entfaltete. Ich sah alles: Ich sah mich in den Vereinigten Staaten landen und die amerikanische Luft einatmen, die, wie ich annahm, geschwängert war mit Großartigkeit und einer »Alles ist möglich«-Mentalität. Ich sah mich in blinkenden Lichtern im Mittelpunkt der Aufmerksamkeit stehen, hörte den tosenden Applaus, als ich im Ring meinem Gegner gegenübertrat, »MALAYSIA« liebevoll auf den Rücken meines perfekt gebügelten Taekwondo-Anzugs genäht.

Endlich war es so weit. Es war an der Zeit, die erste Stufe buchstäblich zu zertrümmern, sprich: im Bruchtest das Holzbrett durchzuschlagen. Dabei stand man drei Schwarzgürteln gegenüber, die drei Holzbretter in der Hand hielten. Die Regeln waren einfach: Die drei ungefähr fünf Zentimeter dicken Bretter, die sie in der Hand hielten, mussten mit einem Tritt so schnell wie möglich zertrümmert werden. Ich würde gegen meine Klassenkameraden, meine Freunde, antreten. Aber heute waren sie nicht meine Freunde. Heute würde ich keine Gnade kennen. Disneyland stand auf dem Spiel.

Ich hörte den Pfiff. Ich atmete tief ein.

Ich wusste, ich hatte nur ein paar Sekunden Zeit, um jedes einzelne Brett zu zertrümmern, und ich war so bereit, wie ich es nur sein konnte. Graziös und wie in Zeitlupe hob ich meinen Fuß und gab meine beste Imitation eines Kampfschreis im Kung-Fu-Stil zum Besten: *Heia!*

BUMM. BUMM. BUMM.

Erledigt. Ich setzte meinen Fuß ab wie ein Ninja, und das Holz war nach wie vor intakt. Doch das beunruhigte mich nicht im Geringsten. Ich war ganz sicher, dass es brechen würde, wie in einer dieser epischen Szenen aus einem Samurai-Film, in denen der Krieger seinen Feind in zwei Hälften schneidet und die Teile Sekunden später in Zeitlupe auseinandergleiten. Sobald das passierte, würden die Stücke zu Boden fallen und ich würde in begeistertem Beifall schwelgen.

Zehn Sekunden später war das Holzbrett allerdings immer noch ganz.

Noch ein Pfiff. Ich war raus.

Ich hatte es nicht geschafft, auch nur eine einzige Faser dieser Bretter zu zertrümmern. Ich starrte auf meinen rechten Fuß, als wäre er eine tote Ratte am Ende meines zitternden Beins, und schleppte meinen jämmerlichen Hintern aus der Trainingshalle.

Ich war raus, und ich hatte nicht einmal die erste Etappe geschafft. Ich schämte mich so sehr, dass ich ernsthaft in Erwägung zog, nicht einmal zu den nationalen Meisterschaften zu gehen und meine Teammitglieder zu unterstützen, die ihre Bretter zertrümmert hatten.

Und auch mein Vertrauen in die kreative Visualisierung war dahin – was noch schlimmer war. Sie hatte mich beim Erreichen meines sehnlichsten Ziels im Stich gelassen.

Das war allerdings nicht das Ende der Geschichte. Ich war im Begriff, die erste Lektion der kreativen Visualisierung zu erlernen.

Lektion 1: Lass das »Wie« los – konzentriere dich stattdessen auf das »Was« und das »Warum«

Ich hatte gedacht, ich würde mein Ziel, die Meisterschaft zu gewinnen, durch das »Wie« erreichen – ich würde das Brett im ersten Versuch zertrümmern, das würde zum nächsten Schritt führen und so weiter. Aber ich hatte versagt.

Ich ahnte nicht, welche Lektion ich lernen würde: nämlich, dass sich das »Wie« von selbst ergibt, solange man sich auf das »Was« (die Teilnahme an den US Open) und das »Warum« (weil es meine Leidenschaft war) konzentriert.

Das »Wie« entpuppte sich als ein Glücksfall, den niemand hätte vorhersehen können.

Nachdem ich die traurigste Woche meines bisherigen 17-jährigen Lebens damit verbracht hatte, zu schmollen, kam ich endlich an den Punkt, an dem ich mein Schicksal akzeptierte. Jetzt musste ich ein guter Mannschaftskamerad sein. Am Ende saß ich allein im Stadion und sah zu, wie die besten Spieler Malaysias um einen Platz bei den US Open kämpften. Und Gott sei Dank habe ich das getan!

Ich saß mit übergezogener Kapuze an der Seitenlinie und unterstützte Daniel, einen meiner damaligen Teamkollegen. Er hatte gerade ein unglaubliches Match bestritten, das ihm sicher einen Platz bei den US Open einbrachte. Er hatte eine ähnliche Größe und Statur wie ich, und er hatte es geschafft. Aber zu meiner Überraschung kam er am Ende des Matches humpelnd auf mich zu. »Vishen, ich glaube, ich habe mich am Fuß verletzt.«

Wow, wirklich?

»Mein nächster Wettkampf ist der Bruchtest. Aber ich denke, ich habe womöglich einen Haarriss. Wenn ich das Holz breche, mache ich meinen Fuß noch mehr kaputt, als er ohnehin schon ist.«

Ich nickte schweigend.

»Würdest du das an meiner Stelle tun?«

Moment mal, wie bitte?

»Nur den Bruchtest, Vishen. Hast du deinen Taekwondo-Anzug dabei?«

Witzigerweise hatte ich ihn tatsächlich dabei. Ich hatte ihn an diesem Morgen wie immer in meinen Rucksack gesteckt. Ich hatte viel zu viele *»Superman«*-Zeichentrickfilme gesehen und dachte, dass auch ich eines Tages in meiner frischen, weißen Taekwondo-Robe Leben retten oder einen Bösewicht fangen könnte. Ich stellte mir immer vor, wie ich die Straße entlanglief und sah, wie einer armen alten Dame die Handtasche von einem Räuber gestohlen wurde. Daraufhin würde ich in eine nahe gelegene Telefonzelle springen, mich blitzschnell umziehen und in voller Montur wieder herausrennen, um dem Räuber in den Allerwertesten zu treten und Omas Handtasche zu retten. Wahre Geschichte. Na ja, auf jeden Fall war ich also bereit.

Ehe ich mich versah, stand ich in voller Montur da und vertrat meine Klasse bei der malaysischen Taekwondo-Meisterschaft, obwohl ich eigentlich gar nicht für diesen Wettbewerb vorgesehen war. Und wieder einmal stand ich vor drei Holzbrettern, die mich vor meinem geistigen Auge verhöhnten. »Hahahahaha!«, lachten sie mit ihren nervigen Holzgesichtern, »glaubst du wirklich, du könntest uns zertrümmern?«

Aber ich war unverfroren optimistisch. Das Universum hatte mir irgendwie eine zweite Chance gegeben.

Der Pfiff ertönte. Tiefes Durchatmen, hohes *Heia!*

KICK. KICK. KICK.

Diesmal hörte ich den Beifall. Ich drehte mich um und sah mir mein Werk an.

Brett eins: gebrochen.

Brett zwei: gebrochen.

Brett drei: ganz.

Eine Sekunde später hörte ich ein langsames Knarren. Brett drei: gebrochen!

Mit 52 Sekunden legte ich die kürzeste Zeit des gesamten Wettkampfs hin. Und zu meiner großen Freude gewann ich zusammen mit Daniel die Goldmedaille. Wir waren beide auf dem Weg zur 1993er-US-Open-Taekwondo-Meisterschaft.

Wie Verfechter der kreativen Visualisierung sagen, kann diese Praxis oft zu Synchronizitäten und unerwarteten »Zufällen« führen, durch die sich deine Wünsche trotz aller Widrigkeiten manifestieren. Obwohl ich also beim ersten Mal scheiterte, habe ich am Ende genau das bekommen, was ich mir vorgestellt hatte. Ich habe das Brett zertrümmert und war auf dem Weg zu den US Open. Ich habe den Sieg, den ich mir wünschte, nur nicht so errungen, wie ich es erwartet hatte. Das »Wie« hat sich am Ende von selbst erledigt. Mir hatte sich ein ganz neuer Weg zu meinem »Was« – nämlich den US Open – eröffnet.

Dann hatte ich ein Aha-Erlebnis: *Es gab keinen Grund, mir darüber Gedanken zu machen, WIE ich meine Ziele erreichen würde!*

Ich nahm also tatsächlich an den US Open teil, bereit für den Moment der Wahrheit. Und hier sollte ich die zweite Lektion der kreativen Visualisierung lernen.

Lektion 2: Sei dir wirklich darüber im Klaren, was du willst

Bei den US Open in Colorado Springs war es nun an der Zeit, dass ich in einem Sparring-Wettkampf tatsächlich gegen einen anderen Menschen und nicht gegen ein wehrloses Brett antrat. Das war es. Mein Traum wurde wahr!

Ich ging zuversichtlich in den Ring. Aber als ich meinen Gegner erblickte, rutschte mir das Herz nicht nur in die Hose, sondern in die Trainingsschuhe: Ich trat gegen Glenn Rybak an, den holländischen Landesmeister!

*»Fan-f*cking-tastisch«*, dachte ich mir sarkastisch.

Holländer gehören ja zu den größten Menschen der Welt. Und Taekwondo ist eine Kampfkunst, bei der es vor allem ums Treten geht. Hat man die Beine einer sexy Giraffe, ist man von Natur aus im Vorteil.

Da stand ich also Glenn Rybak von Angesicht zu Angesicht bzw. eher von Angesicht zu Brust gegenüber. Und gerade als ich ihm mein Bestes geben wollte und Adrenalin durch meine Adern floss, hörte ich den Pfiff.

»Junge, du kannst da nicht mit einer Brille reingehen!«, rief der Schiedsrichter und schickte mich aus dem Ring.

Stimmt, ich habe ja noch gar nicht erwähnt, dass ich damals eine Brille trug. Und glaub mir, ich habe sie nicht aus Stilgründen getragen. Ich *brauchte* sie. Ich war stark kurzsichtig; wenn er mir die Brille wegnahm, war ich aufgeschmissen.

»Ich verstehe, Schiri, aber das ist eine Sportbrille – die geht nicht kaputt …«, bettelte ich.

»Nein, Junge. Das mag in Malaysia in Ordnung sein, aber nicht in diesem Land. In Amerika verklagt jeder jeden für alles. Wenn das Ding kaputt geht und du blind wirst, kannst du uns auf Millionen Dollar verklagen. Dieses Risiko können wir nicht eingehen.«

Mein Gesicht war ausdruckslos. Ich war ein wandelnder Toter. Aber ich habe getan, was man mir sagte.

Ich trat noch einmal in den Ring, halb blind, und hörte den Anpfiff. Ich blies die Brust auf, und die Silhouette vom Giraffenmann begann sich vor mir zu bewegen. Zumindest *dachte* ich, dass er vor mir war; er hätte auch links oder rechts von mir sein oder in der Luft schweben können. Ich konnte gar nichts sehen. Und nach nur wenigen Sekunden – ich versuchte, herauszufinden, wo zum Teufel seine Gliedmaßen waren –, machte es PENG. Ich fiel auf den Boden.

Halb Mensch, halb Riese – die Reichweite (und Kraft) der Beine dieses Mannes war gewaltig.

Ich schaffte es, schwankend wieder auf die Beine zu kommen. Ich war beileibe noch nicht erledigt, und wenn ich nur sehen könnte … – PENG.

Noch bevor ich meinen mutigen Gedanken zu Ende gedacht hatte, wurde ich der offiziell am schnellsten k.o. geschlagene Teilnehmer der US-Open-Taekwondo-Meisterschaft 1993.

Sechsunddreißig Sekunden. Ich wurde auf einer Bahre hinausgetragen.

Als ich im Krankenhaus aufwachte, hatte ich Zeit, darüber nachzudenken, was zum Teufel passiert war. Was war schiefgelaufen?

Nach den Gesetzen der Anziehung und der kreativen Visualisierung »bekommt man das, was man sieht«. Warum also war das passiert?

Ganz einfach: Es war passiert, weil ich mich genau darauf eingestellt hatte. Ich bekam *genau* das, was ich visualisiert hatte. Als ich mich zu Hause auf meine Zeit in den Staaten vorbereitete, sah ich, wie ich das Brett zertrümmerte. Ich sah mich meinen Anzug anziehen, auf dessen Rücken das Wort »MALAYSIA« aufgenäht war. Ich sah mich voller Selbstvertrauen in den Ring treten. Ich sah diese hellen Lichter auf mich gerichtet. All das habe ich bekommen.

Ich wünschte nur, ich hätte auch gesehen, wie ich auf *meinen eigenen Beinen* aus den US Open hinausgehe – anstatt auf einer Bahre hinausgetragen zu werden!

Das war also die zweite Lektion der kreativen Visualisierung. *Sei bei dem, was du visualisierst, sehr, sehr spezifisch!*

Lerne diese Lektion nicht auf die harte Tour wie ich. Du musst das Visualisieren bis zur Zielerreichung durchziehen und erklären: *»Möge sich dies oder etwas noch Besseres manifestieren.«*

Denn ich hatte zwar gesehen, wie ich in den Ring steige, aber ich hatte nie darüber nachgedacht, wie ich darin auftreten würde, wie ich mich darin fühlen würde oder wie ich ihn verlassen würde.

Ich war so verblüfft von der Vorstellung, es tatsächlich zu den US Open zu schaffen, dass ich mir gar nicht die Mühe gemacht hatte, zu überlegen, was ich eigentlich von dieser Erfahrung haben wollte.

Lektion 3: Sei vorsichtig mit deinen Wünschen – wie die Forschung nahelegt, wirst du genau das bekommen

Hat dir schon einmal jemand gesagt, du solltest *mit deinen Wünschen vorsichtig sein?* Oder hat man dich vielleicht davor gewarnt, pessimistisch zu sein, weil du damit eine *»sich selbst erfüllende Prophezeiung« schaffen* würdest?

Nun, daran ist tatsächlich etwas Wahres. Denn diese Dinge funktionieren in beide Richtungen. Wenn man ständig über etwas nachdenkt und sich einredet, dass es wohl oder übel passieren wird, dann passiert es in der Regel auch. Und es gibt Forschungen, die das beweisen.

Die Wissenschaft beginnt nach und nach zu erkennen, dass kreative Visualisierung eines der bestgehüteten Geheimnisse aller Zeiten ist, wenn es darum geht, seine Umwelt zu gestalten.

Schon vor Jahrzehnten, als das noch gar nicht »cool« war, haben Athleten die Kraft der Visualisierung genutzt. Sie wussten, dass der Körper darauf reagiert, was das Gehirn visualisiert.

In einer Studie mit Basketballspielern bewies Dr. Biasiotto von der University of Chicago die Macht der kreativen Visualisierung.[26] Er testete zwei Gruppen von Spielern: Eine Gruppe trainierte physisch, übte also das Korbwerfen; die andere *visualisierte* nur dasselbe Training. Das Ergebnis: Die erste Gruppe verbesserte sich nur um 1 Prozent mehr als die zweite Gruppe!

Ja, die Spieler, die sich das Training nur *bildlich vorstellten,* erzielten fast genauso viele Treffer wie die Spieler, die tatsächlich trainierten.

Sich vorzustellen, wie man eine bestimmte Leistung erbringt, ist in vielerlei Hinsicht eine fast ebenso gute Vorbereitung wie das eigentliche Tun. Seltsam, nicht wahr?

Und es kommt noch seltsamer. Beim sogenannten Fingerabduktions-Experiment trainierten zwei Gruppen von Probanden ihre Finger in einer Greifbewegung: Die eine trainierte tatsächlich, die andere stellte sich die Bewegung nur vor. Die Zunahme an Muskelkraft war bei beiden Gruppen gleich.[27]

Überlege mal kurz: Sich selbst vom Sofa aus beim Training zu visualisieren, hat eine ähnliche Wirkung auf die Muskeln wie ein Besuch im Fitnessstudio. *Verrückt,* oder?

Das ist kreative Visualisierung.

Auch Heilung ist durch den Geist möglich. Hast du schon einmal von der Imaginationstherapie gehört? José Silva, der Autor der »Silva-Methode« (das Buch, das mich dazu inspiriert hat, mit kreativer Visualisierung die US Open zu erreichen), hat diese Theorie getestet und nachgewiesen, dass dieser Prozess die natürlichen Heilungsmechanismen des Körpers beschleunigt.[28]

Dr. O. Carl Simonton, ein weltweit anerkannter Spezialist für Radiologie und Onkologie, erklärte: »Ich würde sagen, das Silva-System ist für sich allein genommen das leistungsstärkste Werkzeug, das ich meinen Patienten anbieten kann.«

Eben dieser unglaubliche Arzt hatte 159 Patienten mit »unheilbarem« Krebs die Technik der Bildersprache beigebracht. Man hatte ihnen noch 12 Monate zu leben gegeben. Aber nach der Anwendung der kreativen Visualisierung bei allen Teilnehmern sahen die Ergebnisse folgendermaßen aus:[29]

- 63 waren gesund und munter.
- 14 zeigten keine Anzeichen von Krebs.
- 12 hatten eine Rückbildung/Reduktion der Tumore.
- 17 waren stabil.

Die durchschnittlich erwartete Überlebensrate hatte sich auf 24,4 Monate verdoppelt. Und all diese verblüffenden Ergebnisse waren bereits 4 Monate nach Beginn des Experiments zu beobachten.

Glücklicherweise bin ich noch nicht vor der Aufgabe gestanden, mich selbst von Krebs zu heilen. Aber ich habe meine Haut mit kreativer Visualisierung geheilt.

Als Teenager hatte ich ein großes Problem mit meiner Haut. Ich hatte unzählige Pickel, und das beeinträchtigte ernsthaft mein Selbstvertrauen. Fünf Jahre lang hatten verschiedene

Dermatologen versucht, mir mit allen möglichen seltsamen Lösungen zu helfen, aber keine davon wirkte. Also versuchte ich, meine Haut anhand der kreativen Visualisierung, die ich im Buch von José Silva gelernt hatte, zu heilen. Und ich schaffte es. In fünf Wochen!

Fünf Jahre des Leidens waren innerhalb von fünf Wochen zu Ende, und das nur, weil ich mir in Gedanken eine reine Haut vorstellte. Damit war alles klar. Ich war ein selbsternanntes Wunder und würde für immer ein eingefleischter Fan der Silva-Methode sein.

Ich habe sogar meinen eigenen Silva-Methode-Kurs auf Mindvalley; er heißt »Silva Ultramind System« und entspricht der neuesten Version des Protokolls, die auf Josés letzten Entdeckungen vor seinem Tod im Jahr 1999 basiert. Die Familie von José hat mich gebeten, das »Gesicht« dieses aktualisierten Programms zu sein, um es möglichst vielen Menschen zu vermitteln. Die Silva-Methode ist nun offiziell Teil von Mindvalley und eines unserer beliebtesten Programme.

Abgesehen von den wundersamen und ziemlich unmittelbaren Ergebnissen, die die kreative Visualisierung in deinem Leben bewirken kann (und die du mit eigenen Augen sehen wirst), hat sie sich auch in folgenden Bereichen als sehr wirksam erwiesen:

1. Sie aktiviert das kreative Unterbewusstsein, das neue Pläne entwickelt, um dir zu helfen, deine Ziele zu erreichen.
2. Sie programmiert das Gehirn um, wodurch es schärfer und sensibler für alle Anzeichen und Ressourcen wird, mit deren Hilfe du deine Träume schneller verwirklichen kannst (mehr dazu im nächsten Kapitel; es geht hier um das sogenannte retikuläre Aktivierungssystem).
3. Sie erhöht deine innere Motivation, sodass du aktive Schritte in Richtung der von dir gewünschten Zukunft unternehmen kannst.

4. Sie stärkt die Neuroplastizität des Gehirns (das heißt die Fähigkeit, Nervenbahnen aufzubauen), was dich dabei unterstützt, deine Traumziele zu erreichen.[30]

Bist du bereit, es zu versuchen?

Die Drei-Jahres-Regel: Die Entwicklung deiner persönlichen Vision

Im Abschnitt »Eine Vision für deine Zukunft« der 6-Phasen-Meditation geht es vor allem darum, was du in den nächsten drei Jahren manifestieren willst.

Drei Jahre ... Dieser Zeitrahmen ist sehr bewusst gewählt, denn wir Menschen überschätzen oft, was wir in einem Jahr erreichen können, unterschätzen dagegen ziemlich, was wir in drei Jahren erreichen können.

Also in drei Jahren kann verdammt viel passieren: Du könntest ein komplettes Mathematikstudium an der besten Universität der Welt absolvieren. Du könntest den Mann oder die Frau deiner Träume getroffen und geheiratet haben. Du könntest auch in drei Jahren deinen Job aufgegeben und dein eigenes Unternehmen gegründet haben. Das machen die Leute ständig!

Im Englischen gibt es den Ausdruck *»once in a blue moon«*, was dem deutschen Ausdruck »alle Jubeljahre« entspricht. Der *»Blue Moon«* – wörtlich übersetzt: der »Blaue Mond« – ist im englischen Sprachraum die Bezeichnung für einen zweiten Vollmond innerhalb eines Monats im Gregorianischen Kalender, ein Ereignis, das nur einmal alle *drei* Jahre eintritt.

Man könnte auch sagen, *drei* ist eine magische Zahl.

Unterm Strich scheinen drei Jahre nicht allzu weit in die Zukunft zu reichen, aber innerhalb dieses Zeitraums kann Wundersames geschehen.

In Phase 4 geht es also darum, dein Leben innerhalb dieses Zeitrahmens zu visualisieren. Dies ist der Moment, in dem du sozusagen ein Kind im Süßwarenladen bist – also such dir etwas aus!

Wünschst du dir einen gesunden, fitten und starken Körper?

Wünschst du dir eine leidenschaftliche Liebesbeziehung?

Wünschst du dir Kinder?

Vielleicht möchtest du dich auch lieber um den Erfolg deines Unternehmens bzw. um deine berufliche Karriere kümmern?

Oder du möchtest unglaubliche Erfahrungen visualisieren – wie du um die Welt reist, neue Beziehungen knüpfst oder inneren Frieden findest. Tob dich richtig aus, du hast die Wahl!

Es gibt dabei nur eine einzige Regel: Du musst unbedingt etwas wählen, was *du* möchtest. Die Betonung liegt hier auf *du!*

Wir wollen nicht die Träume anderer verwirklichen, und wir beten auch nicht das nach, was unsere Eltern und Lehrer uns gesagt haben, was wir wollen *sollten.* Der klassische, erfolgreiche, lineare Lebensstil ist nicht jedermanns Traum.

Was wir *meinen* zu wollen und was wir *tatsächlich* wollen, sind oft zwei sehr unterschiedliche Dinge. Und das liegt meistens an diesen übermächtigen gesellschaftlichen Einflüssen.

Woher wissen wir also, welche Wünsche unserer Seele entspringen und auf welche wir konditioniert sind?

Willst du versuchen herauszufinden, ob etwas das Richtige für dich ist, sei das nun ein neuer Job oder ein neuer Partner? Dann nimm Stift und Papier zur Hand und notiere, was du dir wirklich im Leben wünschst. Und zwar ganz konkret und klar.

Schreibe auf, was du dir für jede Kategorie in deinem Leben wünschst. Die beste Methode dafür ist das Verfassen eines »Lebensmanifests«.

Bevor du dich daran machst, für dein Leben in drei Jahren etwas Tolles zu visualisieren, nimm dir Zeit für die folgende Übung.

Die Technik des Lebensmanifests von Jon und Missy Butcher

Jon und Missy Butcher sind unglaubliche Unternehmer und rundum wunderbare Menschen. Dieses Powerpaar hat den weltweit gefeierten *Lifebook*-Ansatz zur Zielsetzung entwickelt.

Ich bin ein großer *Lifebook*-Fan, und nachdem ich das Programm im Jahr 2010 absolviert hatte, beschloss ich, *Lifebook* zu Mindvalley zu bringen. Jon, Missy und ich sind jetzt Geschäftspartner, und *Lifebook* ist die primäre Zielsetzungsmethode, die auf der gesamten Mindvalley-Plattform genutzt wird. Die nachfolgend beschriebene Manifest-Technik gehört zu diesem ausführlichen *Lifebook*-Ansatz. Ich liefere hier eine vereinfachte Beschreibung; sie soll dir helfen, dir über deine persönliche Vision klar zu werden.

Beim Erstellen eines *Lifebook* entdeckt man die eigenen Träume, die direkt mit jedem einzelnen Aspekt der menschlichen Erfahrung verbunden sind, wobei absolut nichts dem Zufall überlassen wird. Das *Lifebook* selbst ist ein 18-stündiges Programm, in dessen Verlauf man ein 100-seitiges Buch mit einer Vision und einem Plan für sein wunderbares Leben erstellt. An dieser Stelle ist nicht der Raum, den Lehrplan zu behandeln, aber ich werde dir Grundlagen der »Manifest-Technik« aus dem *Lifebook* vorstellen, um dir zu helfen, Phase 4 zu perfektionieren.

Wie Jon und Missy sagen, gibt es eine unglaubliche Möglichkeit, deine Lebensvision zu identifizieren und zu manifestieren: Du nimmst Stift und Papier zur Hand und schreibst in einem offiziellen Manifest nieder, wie ein Tag in deinem Traumleben aussehen würde.

Das ist alles. Nur ein Tag.

Damit die Vision so authentisch und wahrhaftig wie möglich wird, musst du dir zunächst darüber klar werden, was du dir für die 12 *Lifebook*-Kategorien wünschst:

- Gesundheit und Fitness
- Intellektuelles Leben
- Emotionales Leben
- Charakter
- Spirituelles Leben
- Liebesbeziehung
- Elternschaft
- Soziales Leben
- Finanzen
- Karriere
- Lebensqualität
- Lebensvision

(Die letzte Kategorie ist im Grunde die Summe der vorangegangenen elf Kategorien; sie zeigt, wie dein Leben aussehen würde, wenn alle anderen Kategorien genau so wären, wie du es dir wünschst – es ist also dein Manifest.)

Der *Lifebook*-Prozess geht unglaublich gründlich vor; korrekt ausgeführt, befasst man sich über sechs Wochen hinweg mehrere Stunden mit jeder Kategorie und erforscht intensiv, was für einen persönlich am wichtigsten ist und warum. Man schmiedet Pläne und ergreift inspirierende Maßnahmen, um all das zu verwirklichen. Am Ende wird man dann genau wissen, welche Ziele man in jedem einzelnen Aspekt seiner menschlichen Existenz anstrebt.

Sobald du dir über alle 12 Kategorien deines *Lifebook* im Klaren bist, kannst du mit dem Schreiben deines ***»Life Vision«-Manifests*** beginnen, und zwar basierend auf deinem idealen Tag, formuliert im *Präsens,* also in der *Gegenwartsform* – als ob du dein Traumleben gerade jetzt leben würdest.

Zur Inspiration gab mir Jon die Erlaubnis, sein eigenes Manifest in diesem Buch mit den Lesern und Leserinnen zu teilen.

Jon versichert: »Dies ist das wichtigste Dokument unseres Lebens; es leitet jede Entscheidung, die wir treffen – und es ist das wichtigste Werkzeug für *Lifebooker*, um *wirklich* das Leben ihrer Träume zu erreichen.«

***

Jons »Life Vision«-Manifest
Erstellt: Januar 2017
Laufzeit bis: Januar 2022

Missy und ich haben die Einfachheit auf der anderen Seite der Komplexität erreicht und unsere eigene Version des Himmels geschaffen, genau hier auf der Erde.
Wir führen ein Leben voller Luxus, Abenteuer und Leidenschaft. Wir haben die Freiheit, zu tun, was wir wollen, wann wir wollen, wo wir wollen und mit wem wir wollen. Wir führen in allen wichtigen Bereichen ein außergewöhnliches Leben. Und die Stunden unserer Tage gehören UNS.
FREIHEIT ist unser zentraler Wert. Wir wachen jeden Tag in unserem schönen Haus auf Hawaii auf und fragen uns: »Womit wollen wir diesen Tag verbringen? Mit dem größten Projekt, an dem wir je gearbeitet haben? Nichts? Malen? Reisen?«
Das Leben ist ein SPIELPLATZ – eine Leinwand, die wir bemalen können. Wir leben unsere einzigartigen Fähigkeiten aus. Unsere Arbeit besteht ausschließlich aus kreativen Projekten, für die wir in einzigartiger Weise qualifiziert sind. Wir verbringen keine Zeit damit, etwas zu tun, was wir nicht wirklich tun wollen. Das bedeutet, dass wir KREATIV sind: schreiben, aufnehmen, entwerfen, produzieren und BAUEN.

Wir haben eine höhere Lebensqualität als je zuvor, was wirklich etwas besagt! Und trotzdem KOSTET ES FAST KEIN GELD, dieses Leben beizubehalten (auch wenn wir sehr viel Geld haben)!
Unser Lebensstil ist autonom, selbstversorgend und autark. Wir haben einen wunderschönen Wald, eine Fleischkammer in der Natur und einen Ozean, der den größten Teil unserer Nahrung liefert. Wir sind nicht ans Stromnetz angeschlossen, hängen nicht in der Matrix und sind völlig unabhängig von der Regierung.
An zwei Vormittagen in der Woche erledige ich Geschäftliches – und die restliche Zeit verbringe ich mit Missy und den Kindern, lerne, mache Sport, arbeite an kreativen Projekten, plane die Aktivitäten für den nächsten Tag oder was auch immer ich sonst tun möchte. Wir verbringen viel Zeit in der Natur ..., und wir werden unsere Umgebung auf Hawaii im Lauf der Jahre immer schöner gestalten. Unser »Tempel-Heim« wird das Meisterwerk meines Lebens sein, also werde ich die meiste Zeit im Jahr 2022 und darüber hinaus mit diesem Projekt verbringen.
Im Jahr 2022 verlaufen unsere Tage entspannt und mühelos; sie bereichern uns und sind erfüllend. Jeden Abend gehen wir zusammen spazieren und sehen uns gemeinsam den Sonnenuntergang an. Abends sind wir vom Tag ERFÜLLT statt ausgelaugt. Wir setzen uns mit positiver, liebevoller Energie an den Esstisch. Wir sprechen über sinnvolle Dinge.
Wir LACHEN SEHR VIEL. Wir sind entspannt, gesund, glücklich und erfüllt.
Unsere Nächte auf Hawaii sind einfach nur MAGISCH. Missy und ich genießen eine tiefe Nähe und absolut wunderbaren Sex (eigentlich unbeschreiblich). Das ist heilsam, aufregend, abenteuerlich und macht SO VIEL SPASS. Wir sind in einer außergewöhnlich guten körperlichen Verfassung für unser Alter – bzw. eigentlich für JEDES Alter! Wir sind Zwillingsflammen und Seelenverwandte in jeder Hinsicht.

Im Jahr 2022 werden wir viel Zeit damit verbringen, unseren Kindern zu helfen, ihre Ziele zu definieren und ihre Träume zu verwirklichen. Unsere Kinder und Enkelkinder sind gesund, glücklich und SO LEBENDIG. Sie sind HELL STRAHLENDE LICHTER – nichts hat ihr Licht getrübt, weil wir aus dem Hamsterrad/der Matrix ausgestiegen sind, kurz bevor der Trübungsprozess seinen Anfang nahm.
Missy und ich pflegen auf Hawaii rege soziale Kontakte. Wir verbringen keine Zeit mit irgendjemandem, den wir nicht lieben, bewundern und respektieren. Wir sind mit fantastischen Menschen zusammen, die unser Leben bereichern und unseren Spaß steigern. Unsere besten Freunde reisen immer gerne ins Paradies, um uns zu besuchen. Wir investieren viel in unsere Freunde. Wir reisen mit ihnen und genießen das Zusammensein mit ihnen.
Wir tun unsere »Seelenarbeit«, helfen anderen in allem, was wir tun, und erzielen einen Gewinn, der im Verhältnis zu dem von uns geschaffenen Wert steht. Wir helfen Singles, Paaren und Familien, ein besseres Leben zu führen und ihre Träume zu verwirklichen.
ALLE unsere Unternehmen sind AUTOMATISIERT und arbeiten besser, als wir es uns je vorgestellt haben. LIFEBOOK ist das weltweit führende Unternehmen für persönliche Entwicklung und verändert das Leben sehr vieler Menschen. PURITY ist eines der am schnellsten wachsenden Unternehmen in Amerika und transformiert eine 100-Milliarden-Dollar-Industrie. PRECIOUS MOMENTS schenkt Millionen von Menschen auf der ganzen Welt Freude, Trost und Hoffnung. BLACK STAR hilft Menschen dabei, sich von ihrer Sucht zu heilen. Unsere gesamte Familie stürzt sich in die Arbeit an LIFEBOOK FOR FAMILIES. Und auf JonAndMissy.com kommt unser Lebenswerk auf philosophischer Ebene zusammen. Es ist das erstaunlichste Unternehmens-Portfolio, das ein Paar jemals besitzen könnte – und wir könnten nicht stolzer auf das sein, was wir geschaffen haben!

Missy und ich haben ein sehr hohes Nettovermögen und keine Schulden. Trotz unseres Reichtums sind unsere Finanzen einfach, verständlich, organisiert und optimiert. Keine komplizierten Pläne, keine umständlichen Investitionen. Wir haben unsere Ausgaben so weit reduziert, dass wir die größte Lücke zwischen unserem Einkommen und den Fixkosten haben, die es je gab, sodass wir FINANZIELL FREI sind! Bargeld ist reichlicher vorhanden als je zuvor, wir sind von Reichtum umgeben – und wir leben wirklich, wirklich GUT.
Wir leben im PARADIES. Wahrhaftig. Wir haben unsere eigene persönliche Vision vom Himmel auf Erden geschaffen. Wir sind vollkommen zentriert. Wir sind glücklich. Wir sind kreativ. Wir sind erfüllt. Wir sind ultragesund. Wir sind voller Energie. Wir haben ein außergewöhnliches Liebesleben. Wir haben unsere ideale Karriere. Wir haben finanziellen Reichtum. Wir haben eine außergewöhnliche Beziehung zu jedem einzelnen unserer Kinder. Wir genießen wirklich wunderbare Freundschaften. Wir ENTSPANNEN uns viel und genießen unser Leben, ohne uns wegen der Unmenge an Freizeit, die wir haben, schuldig zu fühlen …
Und das ergibt vollkommen Sinn, denn unser LEBEN ist unser Werk.

***

Jon hat mir erzählt, dass er dieses schöne Manifest vor fünf Jahren geschrieben hat.

Und weißt du was? Jon und Missy leben *in diesem Moment* jedes einzelne Wort dieses Lebens. Wenn das nicht inspirierend ist, was dann?

Wenn du versuchst, ein Manifest wie dieses zu verfassen, fokussierst du dich höchstwahrscheinlich auf das, worauf du gerade deine Energie verwendest, und ignorierst, was vielleicht noch wichtiger ist. Und zwar, weil du das, was du brauchst, noch nicht auf dem Radar hast.

Du hast in deiner Vision womöglich deine Karriere voll im Griff, kümmerst dich aber nicht um deine Gesundheit.

Du visualisierst vielleicht einen sechsstelligen Kontostand, versäumst es aber, dich in einer glücklichen Liebesbeziehung zu sehen.

Oder du hast dich unsterblich verliebt, vergisst aber, dich um deine Finanzen zu kümmern.

Du willst alles erreichen. Versuche also, Lücken in deiner Vision aufzudecken.

Mache ausfindig, in welchen der 12 Lebensbereiche du die Nase vorn hast und welche du vernachlässigst. Wir listen sie hier noch einmal auf:

- Gesundheit und Fitness
- Intellektuelles Leben
- Emotionales Leben
- Charakter
- Spirituelles Leben
- Liebesbeziehung
- Elternschaft
- Soziales Leben
- Finanzen
- Karriere
- Lebensqualität
- Lebensvision

Im folgenden Abschnitt erfährst du, wie Phase 4 in der 6-Phasen-Meditation abläuft.

Eine Vision für deine Zukunft – das Protokoll

Schritt 1: Wähle deine Ziele für die Zukunft

Ich setze voraus, dass du inzwischen die Ziele, die du erreichen willst, in deinem Manifest niedergeschrieben (oder zumindest darüber nachgedacht) hast. Das könnten zum Beispiel folgende Ziele sein:

- Eine Weltreise
- Die Liebe deines Lebens finden
- Dein Traumhaus kaufen
- Eine Fremdsprache fließend sprechen
- Dein eigenes Unternehmen aufbauen
- Finanzielle Unabhängigkeit
- Kinder bekommen/adoptieren
- Fallschirmspringen/Wandern/Wettlaufen für wohltätige Zwecke
- Dich von einer Krankheit heilen
- Lehrer/Lehrerin, Coach oder Mentor/Mentorin werden

Denke daran: Du wählst Ziele aus, die du innerhalb von *drei* Jahren erreichen willst! Sei mutig und gehe bei dem, was du willst, keine Kompromisse ein – so wie es auch Jon und Missy getan haben.

Schritt 2: **Schalte deinen Bildschirm im Kopf ein (»mentale Projektion«)**

Wenn du mit dem Meditieren über Phase 4 anfängst, stellst du dir vor deinem geistigen Auge einen riesigen Fernsehbildschirm vor, auf dem sich alles wie in einem Film abspielt. Stell dir vor, dieser Bildschirm befindet sich einen Meter vor dir, 15 Grad über der Horizontlinie; das liefert entsprechend den Forschungen von José Silva die besten Ergebnisse.

Ich weiß, das ist ziemlich spezifisch vorgegeben, aber für diese Technik gibt es einen guten Grund. Es ist nämlich erwiesen, dass das Gehirn Alphawellen erzeugt, wenn man aktiv den Blick über die Augenlider hinausrichtet und die Pupillen leicht nach oben gerichtet sind. Und veränderte Bewusstseinszustände sind ja genau das, was wir erreichen wollen, um die Wirkung der kreativen Visualisierung zu maximieren.

Also schalte bitte alle deine elektrischen Geräte aus und richte die Augen nach vorne und nach oben. Der Film fängt gleich an (und es wird der beste Film sein, den du je gesehen hast).

Du wirst die Palmen im Wind wehen sehen und die Wassertropfen an der Außenseite deines Piña-Colada-Glases am Strand von Hawaii.

Du wirst das süße Hündchen sehen, das du dir schon immer gewünscht hast und das dir die Nase leckt, wie in einer niedlicheren Version von *»Marley & Ich«*.

Du verstehst schon. Was auch immer du dir auf deinem Fernsehbildschirm anschauen willst, auch wenn es ein Ziel ist, das drei Jahre in der Zukunft liegt – du wirst alle Emotionen empfinden, die du erleben würdest, wenn dieser »Film« real wäre und gerade jetzt stattfände.

Das bringt uns zu Schritt 3.

Schritt 3: Empfinde alles mit deinen fünf Sinnen

Jetzt wirst du dich in kreativer Visualisierung verlieren. Sieh, höre, schmecke, rieche und fühle, wie deine Träume vollkommen in Erfüllung gehen. Je mehr Sinne du einsetzt, desto besser.

Setzt du beim kreativen Visualisieren alle Sinne ein, entsteht ein Gefühl. Es entstehen Emotionen wie Freude, Dankbarkeit, Erregung, Frieden, Trost und Begeisterung. Und laut José Silva bist du auf der Gewinnerseite, wenn du diese Gefühle einfängst. Wenn du die Emotionen erlebst, die du empfinden wirst, sobald diese Träume wahr werden, stimmst du sowohl dein Gehirn als auch das Universum darauf ein, dir genau das zu geben, was du willst.

Möchtest du ein paar zusätzliche Manifestationspunkte dazugewinnen? Dann solltest du dir überlegen, wie sich das Erreichen deiner Ziele auch auf andere positiv auswirken würde.

Das ist Tagträumen in seiner besten (und angenehmsten) Form. Atme also tief durch und genieße bereits im Vorfeld, wie sich deine Ziele manifestieren.

***

Jetzt ist es an dir, mit den kraftvollen Effekten der kreativen Visualisierung zu glänzen.

Ganz ehrlich, ich verdanke alle meine großen Erfolge im Leben den kreativen Visualisierungen. Sie haben mich genau dorthin geführt, wo ich heute stehe. Ich visualisierte meinen Umzug in die Vereinigten Staaten, um meinen Träumen zu folgen. Ich habe mir auch vorgestellt, dass mein Unternehmen Mindvalley einen Umsatz von 100 Millionen Dollar erzielt. Ich habe meine beiden wunderbaren Kinder, die ich von Herzen liebe, schon vor ihrer Geburt visualisiert. Das funktioniert tatsächlich! Also, nur zu …!

Unterschätze dabei nicht, was du zu leisten imstande bist. Pfeif auf den ganzen Realismus!

Die meisten Menschen sind Realisten, und das ist auch verständlich. *»Realist«* klingt wie *»real«*, und jeder will »real« sein. Das ist cool, und zweifellos meinen Realisten, so ließe sich das Leben am cleversten meistern. Doch das ist eine riesige selbstzerstörerische Falle, denn wenn man »realistisch« ist, bewertet man seine Realität so, wie sie jetzt ist, und baut darauf seine Zukunft auf. Es ist die Denkweise des »Es ist schon einmal so passiert, also wird es wieder passieren«, und die ist extrem einschränkend.

Noch vor gar nicht allzu langer Zeit hatten die Frauen kein Wahlrecht. Glaubst du auch nur eine Sekunde, dass die Suffragetten etwas erreicht hätten, wenn sie nicht so *unrealistisch* gewesen wären?

Damit es überhaupt Fortschritte gibt, brauchen wir Visionäre, keine Realisten! Ich möchte dich also ermutigen, so große Träume zu träumen, wie du dich traust.

Richard Branson hatte recht, als er sagte:

»Wenn dir deine Träume keinen Schrecken einjagen,
sind sie zu klein.«

***

Öffne bitte deine 6-Phasen-Meditation. Von dort aus kannst du direkt mit der Meditation beginnen, in der du durch das Protokoll für das Visualisieren deiner Zukunft geführt wirst. Auch hier werden die zurückliegenden Meditationen wiederholt. Das dauert nicht lange, hilft dir aber dabei, die Kraft der Meditation zu verstärken und die Praxis zu festigen.

***

5

PHASE 5

Deinen Tag meistern

»Carpe diem quam minimum credula postero.«
< Horaz >

Der aus dem Lateinischen übersetzte und sicherlich überstrapazierte Spruch »Nutze den Tag [und vertraue möglichst wenig auf den folgenden]«, der kurze und prägnante Ausruf *»Carpe diem«*, hat einen ziemlich faszinierenden Ursprung.

Angeblich stammt er von Quintus Horatius Flaccus (was für ein Name, oder?) aus dem Jahr 23 v. Chr., der einfach unter dem Namen Horaz (bzw. in der englischsprachigen Welt »Horace«) bekannt ist, was ich wirklich lustig finde. Aber diese Vorstellung, für den heutigen Tag zu leben und sich zu bemühen, so viel Saft wie möglich aus dem Leben zu pressen, ist viel älter als Horaz. Der Gedanke zieht sich seit Jahrtausenden durch die Zeilen der antiken griechischen Literatur, Poesie, philosophischen Vorträge und Gebete.

Und egal, ob du nun Geschichte studiert hast oder nicht – ganz bestimmt hat dir einer deiner Lieben, ein Lehrer, ein Arbeitgeber oder ein Prediger auf die eine oder andere Weise den Rat gegeben, diesen Tag so zu leben, als sei es dein letzter, und dir gesagt, du solltest eben das tun, was Horaz – in seiner schönen römischen Toga und seinen Sandalen – seine Landsleute schon vor Jahrtausenden gelehrt hat.

Deine Zukunft ist heute

Warum also vernachlässigen und verleugnen so viele von uns die Magie des Heute?

Viele Menschen, die sich morgens aus dem Bett quälen, ohne irgendeinen Aktionsplan zu haben, sind sich nicht bewusst, dass heute die Zukunft *ist*. Und dass es genauso wichtig ist, sich eine Intention für diese Zukunft zu setzen, wie für langfristige Ziele.

Es ist genauso wichtig, für heute einen Plan zu haben, wie von deinem Leben in drei Jahren zu träumen, wie wir es in Phase 4 – Eine Vision für deine Zukunft – getan haben. Dank der Maßnahmen, die du heute ergreifst, werden deine Träume Wirklichkeit.

Genau wie in Phase 4 wirst du den riesigen Fernsehbildschirm einschalten und sehen, wie sich deine fantastische Zukunft vor deinen Augen abspielt. Dieses Mal ist es allerdings nicht die Zukunft, die in drei Jahren auf dich wartet, sondern es geht lediglich um die nächsten 24 Stunden.

Im Unterschied zur vorherigen Phase wirst du deinen Tag außerdem in Abschnitte unterteilen, die für dich sinnvoll sind. Du schaust dir also die kommenden 24 Stunden in mehreren Segmenten an, zerteilt wie eine saftige futuristische Orange.

Die Macht des *»Segment Intending«*

Die Philosophin Esther Hicks erklärt das Konzept des sogenannten *»Segment Intending«* am besten, und Phase 5 basiert auf diesem Protokoll.

Falls du mit Esther Hicks' Arbeit nicht vertraut bist: Sie ist keine gewöhnliche Frau; sie besitzt die Fähigkeit, die »Quelle«, auch bekannt als »Abraham«, zu channeln und so tiefe, göttliche Einsichten »herunterzuladen«, zu denen viele von uns (noch) keinen Zugang haben. Ihre Arbeit inspirierte 2006 den Dokumentarfilm *»The Secret«*, der sich 500.000 Mal verkaufte und damit zur meistverkauften DVD im Bereich »Persönliches Wachstum« wurde.

Eine der göttlichen Einsichten, die Esther gechannelt hat, war die Vorstellung, dass man sich den bevorstehenden Tag als eine Reihe von Segmenten bzw. Abschnitten, die für einen selbst von Bedeutung sind, vorstellen und visualisieren kann, und genau das solltest du ebenfalls tun.

So könnte ein typischer Tag in Segmenten verlaufen:

07.00–08.30:	Aufwachen, meditieren, Frühstück vorbereiten und sich für die Arbeit fertig machen
08.30–09.00:	Zur Arbeit pendeln
09.00–13.00:	Vormittagssitzungen/Arbeit
13.00–14.00:	Mittagspause mit Kolleginnen
14.00–17.00:	Arbeit
17.00–17.30:	Heimfahrt
17.30–19.00:	Abendessen zubereiten und essen
19.00–21.00:	Zurücklehnen und mit dem Partner Netflix schauen
21.00–22.00:	Die unglaublich tolle Kuschel-Stunde mit dem Partner genießen
22.00–07.00:	Schlafen

Du könntest die Segmente zusätzlich mit einer positiven Affirmation abrunden, nachdem du sie jeweils mit allen Sinnen durchlaufen hast:

- »Mein Morgen wird voller Energie und Freude sein.«
- »Mein Arbeitstag wird sich sehr produktiv und gesellig gestalten und Spaß machen.«
- »Mein Mittagessen wird köstlich schmecken und von Musik und Lachen begleitet sein.«
- »Mein Heimweg wird angenehm und ohne Verkehrsstörungen verlaufen.«
- »Ich werde auf Netflix etwas finden, was mich wirklich bewegt.«
- »Der Sex mit meinem Partner wird leidenschaftlich und voller Oxytocin sein.«

Sicherlich verstehst du, was ich meine. Auch wenn die Segmente von Person zu Person unterschiedlich sind (vielleicht arbeitest du ja gerade nicht, sondern studierst, bist auf Reisen oder nimmst dir eine Auszeit), bleibt die Übung des *»Segment Intending«* immer gleich; wie du sehen wirst, wird sich jedes einzelne Segment wunderbar entfalten.

Aus Esthers Sicht ist es nicht wirklich optimal, den Tag unvorbereitet irgendwie hinter sich zu bringen, wenn man 24 Stunden reinen Potenzials wirklich leben möchte. Vielmehr sollten wir zu »gut disziplinierten Menschen« werden. Mit ihren Worten:

*»Gut disziplinierte Menschen entscheiden,
wie sie ihren Tag gestalten wollen.«*

Und die optimalste Art und Weise, dem Göttlichen mitzuteilen, wie dein Tag sich entfalten soll, ist das *»Segment Intending«.*

Für die Skeptiker und Optimisten

Falls du dieses Konzept noch nicht kennst und ein wenig skeptisch bist, solltest du, wie Esther rät, mit den Worten *»Wäre es nicht schön, wenn ...«* beginnen, und dann deine Intention benennen. So lässt du dich auf die Segment-Manifestation ein und respektierst gleichzeitig deine gesunden Zweifel. Zum Beispiel: »Wäre es nicht schön, wenn mein Chef mir heute in unserer Besprechung seine Wertschätzung zeigen würde?«

Glaubst du dagegen bereits fest an die Macht deiner Gedanken, kannst du einen Befehl erteilen, zum Beispiel: »Heute wird mein Lieblingssong *›Bohemian Rhapsody‹* im Radio gespielt, wenn ich zur Arbeit fahre.« Spiele das Spiel einfach mit und sieh, was passiert.

Wenn du das Vertrauen hast, dann mach es dir zunutze. Dein unerschütterlicher Glaube ist ein unglaublich starker Katalysator beim täglichen Manifestieren.

Es ist wie Jim Carrey sagte:

> *»Die Hoffnung ist ein Bettler.*
> *Die Hoffnung geht durchs Feuer.*
> *Der Glaube springt darüber hinweg.«*

Also los, machen wir es Jim nach!

Warum das alles funktioniert – der wissenschaftliche Hintergrund

All dies wirft natürlich die Frage auf, ob diese tägliche Absichtserklärung, die in die 6-Phasen-Meditation eingebettet ist und nur zwei Minuten Zeit in Anspruch nimmt, tatsächlich funktioniert.

Die Antwort ist ein klares und unerschütterliches *Ja! Ja, das funktioniert tatsächlich!* Und zwar dank eines der weniger bekannten Zaubertricks unseres Gehirns: des retikulären Aktivierungssystems, abgekürzt RAS.[31]

Kurz gesagt ist das RAS ein Nervennetzwerk im Hirnstamm und wartet nur darauf, alle unbrauchbaren Informationen aus unserer Umwelt herauszufiltern – zum Glück, denn heute sind wir mehr denn je den unaufhörlichen, hellen und grellen Reizen des 21. Jahrhunderts ausgesetzt. Dank des RAS werden alle wichtigen Dinge – zum Beispiel die Stimme eines geliebten Menschen in einer Menschenmenge, deine beruflichen Aufgaben, Brandgefahren und Bedrohungen – zum richtigen Zeitpunkt priorisiert, sodass wir ihnen unsere Aufmerksamkeit widmen.

Das RAS erstellt sozusagen für das, worauf du dich konzentrieren willst, einen speziellen Filter. Es sichtet dann alle Daten, die im Lauf des Tages eingehen, und zeigt nur die Informationen an, die für dich wichtig sind. Dafür musst du dich überhaupt nicht anstrengen, denn das geschieht automatisch. Erstaunlich, nicht wahr?

Der heilige Evangelist Matthäus ermahnte uns: *»Suchet und ihr werdet finden.«* Das war keineswegs gelogen. Das, worauf du tagtäglich deine Aufmerksamkeit fokussierst, wird zu dir kommen, und dank deines RAS-Filters lässt sich dein Gehirn durch nichts davon abhalten, es ausfindig zu machen.

In den meisten psychologischen Abhandlungen über das RAS wird das Beispiel des weißen Volkswagens angeführt: Wenn du einen weißen Volkswagen besitzt und damit über die Autobahn fährst, wirst du höchstwahrscheinlich andere weiße Volkswagen bemerken, die ebenfalls über die Autobahn fahren. Das liegt daran, dass dein Gehirn weiß, dass auch du einen fährst. Diese Theorie gilt ebenso für deine »Tages-Deklaration«.

Wenn du beschließt, eine tolle Mittagspause mit großartigem Essen, noch besserer Gesellschaft und in einem schönen Ambiente zu verbringen, gibst du deinem Gehirn im Vorfeld den Befehl, diese Dinge zu beachten. Bringt der Kellner deine Bestellung dann einmal durcheinander – er hat dir doch tatsächlich nicht glutenfreies Brot serviert! –, wirst du solche Mängel eher ignorieren, denn dein Gehirn ist viel zu sehr damit beschäftigt, den unglaublichen Geschmack der von dir bestellten Kombination aus Guacamole und leckerem Käse, die hübschen Kerzen und die angeregte Unterhaltung wahrzunehmen.

Obwohl man dir etwas Falsches serviert hat, wirst du die Mittagspause am Ende höchstwahrscheinlich als eine tolle, äußerst erfolgreiche Zeit empfinden, denn darauf hast du dein Gehirn programmiert. So *ist* es einfach.

Macht dich das ein wenig wahnhaft?

Ja. Aber es macht dich auch zu einem glücklicheren Menschen und versetzt dich im Alltag in eine unendlich bessere Stimmung. Ich bin voll und ganz für ein solches wahnhaftes Verhalten. Ich bin lieber frohgemut verwirrt als gemein, negativ und verdrießlich wegen irgendwelcher Kleinigkeiten, die negativ eingestellte Menschen jeden Tag stören.

Der spirituelle Standpunkt

So, das war die reine Wissenschaft; nun kommen wir zum spirituellen Standpunkt.

Laut Meinung vieler spiritueller Lehrer steigt die Wahrscheinlichkeit einer organischen Manifestation durch eine Intention dahingehend, wie wir etwas manifestieren wollen. Das nennt man »bewusste Schöpfung«; sie funktioniert nach dem Gesetz der Anziehung, das wir im vorigen Kapitel kurz angeschnitten haben.

Diese Theorie ist weniger wissenschaftlich untermauert, aber die Befürworter dieses Konzepts sagen, dass wir durch eine Entscheidung auf kosmischer Ebene eine Wahl treffen, die uns direkt in diese potenzielle Zukunft bringt.

Esther führt diesen Gedanken weiter und macht ihn noch schöner; ihr zufolge werden wir nämlich, wenn wir uns mit der Magie der Manifestation verbinden, zu kreativen Göttern und Göttinnen, die die Erfahrung des Menschseins genießen.

Zusätzliche Wohlfühl-Boni der Phase 5

Deine Entscheidung, einen wirklich fantastischen Tag zu erleben, hat eine große Auswirkung. Aus fantastischen Tagen werden schließlich fantastische Wochen und daraus wiederum fantastische Monate und fantastische Jahre. Und fantastische Jahre entwickeln sich zu einem absolut wunderbaren Leben.

All das nimmt seinen Anfang mit deiner festen Entscheidung innerhalb von zwei Minuten während der 6-Phasen-Meditation – deiner Entscheidung, wie du den Tag angehen willst.

Phase 5 bereitet dich nicht nur auf einen großartigen Tag (und ein großartiges Leben) mit mehr Optimismus und Freude vor, sondern fühlt sich auch in der realen Zeit unglaublich gut an.

Genau wie in Phase 4 – Eine Vision für deine Zukunft – kannst du dich auch in Phase 5 wieder wie ein Kind im Süßwarenladen »bedienen«. Und das Beste daran ist: Dein Gehirn hat keine Ahnung, dass diese unglaublichen Dinge beim Meditieren nicht *wirklich* passieren! Siehst du einen glücklichen Tag vor deinem geistigen Auge vorbeiziehen, empfindest du all die positiven Emotionen, die du auch empfinden würdest, wenn sie in der Realität stattfänden.

Dein emotionaler und physischer Körper reagiert auf einer biochemischen Ebene. Obwohl das alles (vorerst) nur in deinem Kopf stattfindet, werden Dopamin, Serotonin, Oxytocin und Endorphine real ausgeschüttet.

Und wenn du dich den ganzen Tag, wie in Nina Simones Lied *»Feeling good«* gut fühlst, haben auch andere Menschen etwas davon. Denn alle, mit denen du in Kontakt kommst, haben an deiner positiven Ausstrahlung teil. Glücksgefühle sind ansteckend, und etwas auf diese Weise Ansteckendes kann die Menschheit gerade jetzt gut gebrauchen.

Und so sieht das Protokoll aus …

»Deinen Tag meistern« – das Protokoll

Schritt 1: **Schalte deinen Bildschirm im Kopf ein (»mentale Projektion«)**

Stell dir vor deinem geistigen Auge einen riesigen Fernsehbildschirm vor, auf dem du deinen Tag verfolgen kannst.

Weißt du noch, was ich dir über die »Segmente« gesagt habe? Es geht mit dem Tagesbeginn los und dann in chronologischer Reihenfolge weiter.

Du weißt nicht, wo du anfangen sollst? Dann denke an das zurück, worauf du dich zuvor in Phase 4 für dein Dreijahresziel fokussiert hast, und baue einen kleinen Schritt in Richtung dieses Ziels in deine tägliche Routine ein.

Angenommen, du stellst dir in Phase 4 vor, ein weltberühmter Autor bzw. eine weltberühmte Autorin zu werden. In dieser Phase könntest du dir dann als einen deiner Abschnitte im Kopf ausmalen, wie du eine Stunde des vor dir liegenden Tages in deinem Lieblingscafé verbringst und an deinen Buchideen arbeitest.

Oder hast du dir vielleicht einen fitten, gesunden Körper vorgestellt? Dann visualisiere, wie du zu einem bestimmten

Zeitpunkt im Lauf deines Tages einen Schritt in Richtung dieses Ziels machst, zum Beispiel, wie du dir einen grünen Smoothie zubereitest oder in der Mittagspause einen langen Spaziergang unternimmst – was auch immer für dich stimmig ist.

Falls du nicht gleich als Erstes am Morgen meditierst (was allerdings empfehlenswert ist), musst du dir deswegen nicht den Kopf zerbrechen; stell dir einfach vor, was passieren wird, wenn du die Augen nach der Meditation öffnest.

Schritt 2: **Sieh und fühle, wie du einen wunderbaren Tag erlebst**

Jetzt siehst du den Film deines Tages chronologisch von morgens bis abends vor deinem geistigen Auge ablaufen.

Genau wie in der vorherigen Phase siehst, hörst, schmeckst, riechst und fühlst du, wie sich dein bevorstehender Tag auf perfekte Weise abspielt.

Denke daran, zu Beginn jedes Abschnitts eine verbale Intention zu formulieren, zum Beispiel: »Mein Frühstück wird nahrhaft sein und mich mit Energie versorgen«, bis hin zu: »Mein Schlaf wird tief und erholsam sein.«

Dies ist die Zeit, in der du dir »tagträumend« deinen Tag visualisieren kannst.

Habe keine Angst davor, optimistisch zu sein, auch wenn es sich so anfühlt, als sei ein großartiger Tag aufgrund der bevorstehenden Herausforderungen ein unmögliches Unterfangen. Sei mutig und vertraue darauf, dass sich das Höchste und Beste manifestieren wird und dass du jeden Raum, den du betrittst, mit deiner heilenden Präsenz füllen wirst.

Habe zumindest Vertrauen in die Wissenschaft und in das retikuläre Aktivierungssystem deines Gehirns. Das ist alles andere als Zeitverschwendung.

***

So, jetzt hast du Phase 5 abgeschlossen. Ich liebe diese Phase, denn hier passiert der Übergang von der Meditation zur Aktion. Schließlich ist die 6-Phasen-Meditation nicht als eine dieser Meditationen gedacht, bei denen man nach dem Aufwachen abgehoben und bereit für ein Nickerchen ist. Diese Meditation soll dich entspannen, aber dich auch in die Bereitschaft versetzen, die Welt zu erobern. Das ist ein großer Unterschied.

Wer hätte gedacht, dass man einfach *beschließen* kann, einen grandiosen Tag zu haben? Hättest du dir nicht auch gewünscht, dass man uns das in der Schule beigebracht hätte? Zu lernen, dass ich selbst entscheiden kann, wie meine Tage verlaufen, ebenso wie die (meisten) Geschehnisse des Tages, hat mich zu einem unendlich glücklicheren Menschen, gestärkt und handlungsfähig gemacht.

Klar, niemand hat jemals eine Taube gebeten, auf seine Windschutzscheibe zu kacken, aber wir können entscheiden, worauf unser Gehirn seine Aufmerksamkeit richtet. Du kannst dich darin üben, den bevorstehenden Tag mit einer entsprechenden Einstellung optimistisch und positiv anzugehen.

Kannst du dir vorstellen, was passieren würde, wenn jeder einzelne Mensch morgens mit der Intention aufwachen würde, einen schönen Tag zu verbringen? Um sich selbst und andere glücklich zu machen? Gut zu essen, achtsam zu sein und das scheinbar Alltägliche zu genießen? Mit einem winzigen Schritt pro Tag in seine langfristigen Ziele zu investieren, auch wenn es nur ein kleiner Schritt ist?

Mutter Teresa sagte:

»Das Gestern ist vorbei.
Das Morgen ist noch nicht gekommen.
Wir haben nur das Heute. Lasst uns beginnen.«

Also, worauf wartest du noch? Fang an und *carpe* diesen *diem!*

***

Bevor du mit dem nächsten Kapitel weitermachst, öffne bitte deine 6-Phasen-Meditation. Von dort aus kannst du direkt mit der Meditation beginnen, in der du durch das Protokoll des perfekten Tages geführt wirst. Auch hier werden die zurückliegenden Meditationen wiederholt. Das dauert nicht lange, hilft dir aber dabei, die Kraft der Meditation zu verstärken und die Praxis zu festigen.

***

6

PHASE 6

Die Segnung

»Du kannst das ganze Universum durchsuchen und findest doch kein einziges Wesen, das Liebe mehr verdient als du.«
< Gautama Buddha >

Als ich die 6-Phasen-Meditation entwickelte, wollte ich etwas mit einer wissenschaftlichen Basis schaffen. Denn mehr denn je braucht die Menschheit die Wissenschaft als Kompass, um Quacksalberei von echter Medizin zu unterscheiden.

Allerdings kann die Wissenschaft auch nicht *alles* erklären, oder?

Die sechste Phase der 6-Phasen-Meditation kann sich als einzige nicht so wirklich auf solide, handfeste Beweise berufen. Dennoch möchte ich, dass du bei dieser kurzen Übung mitmachst: bei der Segnung durch eine höhere Macht zur Feier deiner Meditationspraxis.

Zufälligerweise tragen gerade die Themen, die die Wissenschaft (noch) nicht erklären kann, entscheidend dazu bei, unserem Leben einen Sinn zu geben. Und obwohl es keine schlüssigen forschungsbasierten Beweise für die Existenz einer höheren Macht gibt, einer liebevollen Präsenz, die über uns wacht, glauben 84 Prozent der Menschheit dennoch daran.[32]

Warum? Weil wir es manchmal gegen alle Logik irgendwie *fühlen, spüren* und *erahnen.*

Ich für meinen Teil glaube fest daran, dass ich mit einer höheren Energie verbunden bin. Das heißt nicht, dass ich religiös bin. Ich glaube absolut nicht an einen alten bärtigen Mann im Himmel, der über jeden meiner Schritte ein Urteil fällt. Vielmehr ist meine persönliche spirituelle Praxis eine Mischung aus vielen Weltreligionen und einigen modernen Annehmlichkeiten. Ich halte wirklich nichts davon, nur an eine Religion zu glauben – diese Vorstellung erscheint mir einfach unnatürlich, wo doch so viel Schönheit und Weisheit in allen Religionen zu finden ist. Andererseits wird meine Spiritualität aber auch nicht von den Ritualen, Philosophien und Praktiken, die mich ansprechen, definiert.

Obwohl ich also definitiv an eine höhere Energie glaube, ist meine Bezeichnung dafür austauschbar. Gott, Göttin, das Universum, der Große Geist, mein Spirit, Pachamama, Lord Shiva, Erzengel Michael, das morphogenetische Feld, das Höhere Selbst, Gaia, mein Höheres Selbst – nenn es, wie du willst, für mich ist alles in Ordnung. Denn in meinen Augen reden wir alle über dasselbe.

Und ich glaube, dass diese »Sache«, diese Energie, etwas ist, mit dem wir jederzeit verbunden sind. Ich glaube, es ist etwas, das uns unterstützt, uns nährt und uns den Rücken stärkt.

Wie ich schon sagte, gibt es zwar keine stichhaltigen Beweise, aber es gibt unzählige Menschen, die laut eigener Aussage die Gegenwart Gottes erfahren haben.[33] Manche sprechen von Engeln, Führern und Samadhi-Gefühlen – besonders Menschen, die Nahtoderfahrungen gemacht haben.

Sollen wir also die Geschichten dieser Menschen abtun, weil wir sie noch nicht im Labor replizieren konnten?

Michael Beckwith über die Macht der Bitte um göttliches Eingreifen

Im November 2017 hörte ich eine Geschichte von Reverend Michael Beckwith, die mich dazu inspirierte, das Leben und das Konzept »Gott« neu zu überdenken. Das passierte, als Michael auf der Bühne des A-Fest gerade eine seiner umwerfenden Reden hielt, aber ganz ehrlich, ich habe nicht wirklich zugehört. Das A-Fest war *mein* Festival, und ich habe mich hinter der Bühne mit den Tontechnikern abgestimmt und dafür gesorgt, dass im Saal alles wie am Schnürchen lief.

Ich sagte gerade etwas zum Team, als plötzlich ein Moment kam, in dem ich mich richtiggehend dazu *genötigt* fühlte, auf das zu achten, was Michael sagte, und ich mitten im Satz innehielt. Michael erzählte den Zuhörern von einem Erlebnis, bei dem er vor der Küste Costa Ricas fast ertrunken wäre.

Er war mit seiner Tochter schwimmen, als er von einer völlig unerwarteten, heftigen Strömung gewaltsam vom Ufer weggezerrt wurde. Er wusste, dass er, als älterer Mann, nicht mehr so stark war wie in jungen Jahren, und ihm wurde schnell klar, dass er es nicht mehr zurück ans Ufer schaffen würde.

»Einfach weiterschwimmen. Kümmere dich nicht um deinen Körper. Einfach weiterschwimmen«, wiederholte er sich immer wieder und versuchte ruhig zu bleiben, als die riesig hohen Wellen erneut über ihm zusammenschlugen und er jede Menge Meerwasser schluckte.

In diesem Moment sprach Michael die Worte: *»Hilf mir!«*

Michael sagte, diese Worte seien ihm nicht bewusst entschlüpft. Es kam ihm auch niemand auf *physischer* Ebene zu

Hilfe. Die einzige Person im Umkreis von mehreren Kilometern war seine Tochter, die sich jetzt weit weg und sicher am Strand befand.

Nach einem gefühlt stundenlangen Unterwasserchaos kehrte Ruhe ein. Und aus dieser göttlichen Stille heraus, so erzählte uns Michael, kam eine kleine Welle hinter ihm auf und gab ihm so etwas wie einen Vorwärtsstoß. Dann kam eine weitere Welle, dieses Mal etwas größer. Eine dritte Welle gab ihm noch mehr Schwung, bis er es schließlich erschöpft und verletzt schaffte, auf den Sand zu krabbeln und in die Arme seiner Tochter zu fallen.

»Ich danke dir, Gott. Danke, bei welchem Namen auch immer du genannt werden willst.«

Ein paar Tage später erzählte Michael einer Freundin, die zufällig auch ein Medium ist, von seinem Erlebnis in Costa Rica. Noch bevor er dazu kam, zu erzählen, wie er von der Strömung mitgerissen wurde, fragte seine Freundin mit einem wissenden Blick: »Darf ich mal schauen?«

Nachdem er ihr grünes Licht gegeben hatte, sah das Medium die Szene vor dem geistigen Auge. »Wow, du hast laut um Hilfe gebeten, richtig?«

Michael nickte.

Sie weiter: »Und als du in diesem Moment um Hilfe gebeten hast, kam ein Erzengel herabgestürzt und wühlte das Wasser dreimal auf, damit du herauskamst ...?«

»Genau das ist passiert«, flüsterte er. Drei Wellen drückten ihn ans Ufer.

Diese Erfahrung, so sagte uns Michael, hat ihn eine sehr mächtige Lektion gelehrt: *die Demut zu haben, um Hilfe zu bitten.* Aus dem Reich der Ahnen, der Schamanen, der Götter, der Engel (wie auch immer du es nennst) kann dir in dieser physischen Dimension keine Hilfe gewährt werden, solange du nicht klar und direkt darum bittest.

Denn es ist zwar wichtig, deinen Geist auf Erfolg zu programmieren, so wie du es in den vorangegangenen fünf Phasen dieses Buches getan hast, aber es ist auch sehr wichtig, offen dafür zu sein, Hilfe anzunehmen, um sicherzustellen, dass dieser Erfolg tatsächlich eintritt.

Wie Michael gelernt hat, gibt es immer Kräfte um uns herum, die bereit sind zu helfen; wir müssen nur darum bitten. Mit seinen Worten: Der *»AQ«* (*»Availability Quotient«* bzw. »Verfügbarkeitsquotient« in Bezug auf diese höhere Macht) übertrifft immer den IQ (Intelligenzquotient, die intellektuelle Fähigkeit des Geistes, als eigenständige Kraft etwas zu manifestieren).

Darum geht es in diesem letzten Abschnitt der 6-Phasen-Meditation.

Erhöhe deinen Verfügbarkeitsquotienten

Diese Phase wird zwar als »Segnung« bezeichnet, das heißt allerdings nicht, dass du zu einer Bekehrung gezwungen wirst. Niemand wird dir gegen deinen Willen Weihwasser auf die Stirn sprenkeln.

Aber der Segen hat hier durchaus seinen Platz. Da die meisten Menschen an eine höhere Macht glauben, hielt ich es für angebracht, dies entsprechend zu respektieren und es zu einem integralen Bestandteil der 6-Phasen-Meditation zu machen.

Außerdem dauert es nur ein paar Sekunden. Du stellst dir ein wunderschönes Licht vor, das vom Himmel herabsteigt; es steht für deine höhere Macht. Du umhüllst deinen Körper damit, bevor du den Segen (bzw. anders ausgedrückt: die benötigte Hilfe) empfängst.

Ich wollte aber nicht nur die spirituellen Überzeugungen der Meditierenden respektieren, sondern durch den Segen die gesamte Meditation auf konkrete Weise zum Abschluss bringen, sodass wir den Tag angehen können in dem Gefühl, ganz bzw. vollständig zu sein und Unterstützung für unsere Intentionen zu bekommen.

Eigentlich sorgte allerdings einer meiner angesehensten Mentoren, Srikumar Rao, dafür, dass dieses Thema letztendlich dazugenommen wurde.

Srikumar ist ein international anerkannter Wirtschaftsprofessor, TED-Redner, Bestsellerautor und Gründer des Rao Institute. Srikumar Rao, auch unter dem Namen »Business-Buddha« bekannt, hat an der London Business School, der Kellogg School of Management an der Northwestern University und der Haas School of Business an der University of California, Berkeley, gelehrt. Er bringt spirituelle Weisheit mit Unternehmertum auf eine Weise zusammen, wie ich es noch nie zuvor gesehen habe.

Srikumar hat Hunderten von Betriebswirtschaft-Studenten und -Studentinnen beigebracht, wie sie durch die Weiterentwicklung ihrer persönlichen Philosophien und »mentalen Modelle« Erfolg haben können, und gilt als Autorität, wenn es darum geht, ein erfülltes menschliches Dasein zu führen.

Als ich die 6-Phasen-Meditation entwickelte, hörte ich mir einen Vortrag von Srikumar über die Psychologie von Erfolg und Glück an. Er sprach darüber, wie unsere mentalen Modelle – das heißt, was wir von dem »Wissen« über die Welt für wahr halten – unsere Erfahrungen in der Welt direkt beeinflussen, seien sie nun positiv oder negativ.

Am Ende des Vortrags wurde Srikumar von mehreren Zuhörern um eine Erläuterung gebeten, welches mentale Modell man am allerbesten haben sollte. Seine Antwort:

> *»Der wichtigste Glaube, den wir überhaupt haben können, ist der Glaube, dass das Universum uns liebt. Wenn wir glauben, dass das Universum immer zu unseren Gunsten arbeitet, werden wir dieses Leben als schön erfahren.«*

Du kannst das Wort »Universum« durch jedes andere ersetzen, dass für dich am stimmigsten ist.

Nachdem ich Srikumar sagen hörte, dies sei das ultimative mentale Modell unter den Milliarden anderer einzigartiger Überzeugungen, die man wählen könnte, wusste ich, dass ich diese besondere Sequenz mit der Segnung abschließen musste.

Nachdem du über Phase 6 meditiert hast und deinen Tag in dem Glauben lebst, dass du nicht allein bist, sondern geliebt und unterstützt wirst, hast du nach meiner Überzeugung eine wunderbare Zeit vor dir. Und nicht nur das. Alles in allem steht dir ein erstaunliches Leben voller Wunder und Positivität bevor.

Die Segnung: Niemand bleibt außen vor

An dieser Stelle will ich mich an diejenigen wenden, die die Wahl treffen, nicht an Gott (oder welches Wort auch immer du für eine höhere Macht verwendest) zu glauben. Zunächst möchte ich sagen, dass ich Atheisten echt liebe. Einige der interessantesten Menschen, die ich je getroffen habe, einige der hellsten Köpfe da draußen, sind Atheisten, und auch als Atheist wirst du von Phase 6 nicht freigestellt. Beileibe nicht.

Ich glaube eigentlich auch nicht an einen von allem getrennten »Gott«. Ich bin eher ein Pantheist, der Ehrfurcht vor dem gesamten Universum hat – was Richard Dawkins, Autor des Buches *»The God Delusion«* [dt. Ausg.: *»Der Gotteswahn«*], als *»sexed-up atheism«* (»aufgemotzter/aufgehübschter Atheismus«) bezeichnet.[34]

Ob atheistisch oder religiös – jeder Mensch kann die gleichen Gefühle von Ruhe, Gelassenheit und Unterstützung aus Phase 6 mitnehmen. Denn selbst wenn du ein echter Atheist bist, kannst du dich mit welcher Kraft auch immer verbinden, die dir gemäß deinem Glauben innewohnt. Mit deiner inneren Kraft. Deiner Resilienz. Deinen inneren Kraftreserven. Deinem tiefen Gespür für Wissen und Weisheit. Deinem Herzen. Deinem brillanten Verstand.

Manche Menschen stellen sich gerne vor, dass ihr älteres, weiseres Ich sie segnet und unterstützt. Reise zwanzig Jahre in die Zukunft und lass dich von ihm inspirieren.

Wie auch immer du dich entscheidest, du wirst es der besten Version deiner selbst erlauben, deine Praxis zum Abschluss zu bringen.

Du bist an der Reihe, Unterstützung zu erhalten

Diese wie schon gesagt kürzeste und einfachste Phase der 6-Phasen-Meditation kann auch die am meisten entspannende und angenehmste sein und bietet einen erfrischenden Kontrast zu den vorherigen fünf Phasen.

Bislang ging es ja vor allem ums *Geben,* stimmt's? Du hast dich aktiv auf andere Menschen fokussiert und deine Energie nach außen geschickt. Du hast über Mitgefühl und Dankbarkeit meditiert. Du hast einem A...Armleuchter verziehen, der dich verletzt hat. Du hast deine Aufmerksamkeit darauf gerichtet, was du in drei Jahren manifestieren willst, und darauf, wie dein Tag verlaufen soll.

In Phase 6 darfst du schön passiv bleiben und lässt zu, dass jemand/etwas dich in Liebe und Zuwendung hüllt. Und wer könnte das besser als ... das Universum?

Du wirst dich mit dieser im Überfluss vorhandenen Energie verbinden, um nicht nur deine Praxis zu segnen und alle vorangegangenen fünf Phasen zu integrieren, sondern auch, um dir beim ersten Schritt in einen ganz neuen Tag ein Gefühl der Unterstützung zu geben. Denn Menschsein ist ziemlich anstrengend. Außerhalb der bequemen Grenzen unseres Schlafzimmers, wo wir den Tag beginnen, warten potenzielle Herausforderungen, Hindernisse und Trigger. Und ich glaube, wir sind uns alle einig, ganz unabhängig von unserer jeweiligen spirituellen Überzeugung, dass wir Unterstützung brauchen, um all das Gute, das Schlechte und das Hässliche zu bewältigen.

Um zu florieren, unsere innere Genialität auszuleben, unsere Ziele zu erreichen und uns ins Unbekannte zu stürzen, brauchen wir all diese Energie. Die gute Nachricht ist: Deine höhere Macht bzw. dein höheres Selbst hat Unmengen dieser Energie. Sie ist unendlich. Der Segen wird nie versiegen. Du musst nur offen und bereit sein, ihn zu empfangen.

Die Segnung – das Protokoll

Schritt 1: **Rufe deine höhere Macht an**

Atme tief ein und nimm dir einen Moment Zeit, dich mit deiner höheren Macht zu verbinden, was oder wer auch immer das sein mag.

Anstatt auf die kognitive Ebene abzutauchen und dich durch die Übung zu denken, versuche lieber, die Anwesenheit deines Gottes/deiner Göttin/deiner spirituellen Kraft/deines höheren Selbst zu spüren. Wir aktivieren hier das, was Michael Beckwith als *»AQ«* (*»Availability Quotient«* bzw. »Verfügbarkeitsquotient«) bezeichnet hat, im Gegensatz zu deinem IQ.

Sobald du eine Verbindung hergestellt hast, erbittest du einen Segen.

Schritt 2: Spüre deine höhere Macht als einen Strahl liebevollen Lichts

Nun stellst du dir den Segen deiner höheren Macht als ein wunderschönes goldenes oder weißes Licht vor, das von oben herab strahlt. Fühle das Licht. Spüre seine Helligkeit und wohlige Wärme in der Gewissheit, dass es mit unendlicher Kraft und Energie gefüllt ist.

In diesem Segen steckt das offizielle Signal des Universums, den Tag und das *Carpe diem* zu beginnen. Es besagt: »Ja, all diese Intentionen sind in Ordnung für mich, hier hast du all die Energie, die du brauchst, um sie zu verwirklichen.« Es ist die Bestätigung, dass du nicht allein bist. Also nimm es in dich auf.

(Als atheistischer Mensch rufst du in diesem Teil deine innere Kraft bzw. eine ältere, weisere Version von dir selbst an. Stell dir vor, wie du auch ihre Anwesenheit als dieses Licht spürst.)

Schritt 3: Lass das Licht durch dich fließen

Visualisiere, wie dieses Licht über deine Wirbelsäule hinunterläuft.

Dann stellst du dir vor, wie sich das Licht von deinem Körper ausbreitet und eine Blase um dich herum bildet. Du wirst von einem Schild aus diesem liebevollen, unendlich kraftvollen Licht deiner höheren Macht umhüllt und weißt, dass es dich für den Rest des Tages begleitet und dich vor Negativität schützen, dich unterstützen und dich mit all den nötigen Qualitäten erfüllen wird, damit du aufblühst und erfolgreich bist. Das ist deine Segnung.

Schritt 4: **Danke deiner höheren Macht**

Du kannst dir gewiss sein, dass alle deine Visionen und Intentionen jetzt von Gott bzw. von der besten Version deiner selbst unterstützt werden.

Nimm dir einen Moment Zeit, dieses Gefühl zu genießen und deiner (höheren) Macht zu danken. Du kannst das Protokoll mit einem Mantra oder Gebet aus deiner jeweiligen Religion abschließen: Hände in Gebetsposition, Verbeugung, ein verschmitztes Lächeln, ein geflüstertes »Danke« – du hast die Wahl.

Alternativ kannst du das Protokoll auch so abschließen, wie ich es tue, nämlich mit einer imaginären Siegerfaust ans Universum. Dann bist du bereit, dich sanft aus der Meditation herauszuholen und mit deinem wunderbaren Tag weiterzumachen.

Nimm alles in dich auf und mach dir diesen Segen voll und ganz zunutze, damit du es der Welt da draußen voller Selbstbewusstsein zeigen kannst.

Schritt 5: **Schließe die Meditation ab**

Du zählst bis fünf und bringst dich aus der Meditation zurück. Falls du die audiogestützte Meditation anhörst, wird das Zählen ganz sanft im Stil der Silva-Methode übernommen:

> *»Ich zähle gleich von eins bis fünf. Bei fünf wirst du hellwach sein, dich wunderbar fühlen, in perfekter Gesundheit sein, dich besser fühlen als zuvor.*
> *Eins ..., zwei ..., drei ... Mach dich bereit, die Augen zu öffnen, wenn ich bei fünf angelangt bin, und dich wunderbar, vollkommen gesund, besser als zuvor zu fühlen.*
> *Vier ..., fünf ..., Augen auf, hellwach, aufmerksam, wunderbar, wohlgestimmt, erfrischt, besser als zuvor.«*

***

Und das war's. Du hast es geschafft. Du hast alles getan, was du tun musst, um ultimativen Frieden und Glück zu finden.

- Du hast durch Mitgefühl Verbundenheit mit der Welt erfahren.
- Du hast durch Dankbarkeit das Gefühl der Fülle genossen.
- Durch Vergebung hast du deine Seele von negativen Ladungen und Lasten gereinigt.
- Du hast dir eine erstaunliche Vision für deine Zukunft gesetzt – eine Zukunft, die du wirklich willst.
- Du hast um einen perfekten Tag gebeten.
- Und du hast das alles verbunden mit dem Segen dieser unbeschreiblichen Kraft, die dich seit dem Tag deiner Geburt begleitet und dich bis zu deinem Tod begleiten wird.

Phase 6 dauert nur ein paar Sekunden, aber sie ist Gold wert, denn jegliche Zeit, in der wir mit etwas Größerem als uns selbst verbunden sind, ist gut investierte Zeit.

Wir sind ja so daran gewöhnt, die Stars unserer eigenen Show zu sein; dabei vergessen wir, dass wir nicht allein sind. Egal, woran du glaubst – sei es ein Gott oder ein *Badass* bzw. einer von denen, die es der Welt zeigen, oder eine ältere und weisere Version von dir selbst: Du wirst unterstützt.

Um erfolgreich zu sein, um dein wahres Potenzial auszuschöpfen, *brauchst* du diese Unterstützung.

Vertraue also auf eine höhere Macht!

Vertraue auf den Ort tief in deinem Inneren, der unendlich und unermesslich mächtig ist.

Vertraue auf das eine, das andere oder beides – egal. Denn eine der ältesten Wahrheiten, die wir je lernen werden, lautet: *Es gibt keinen Unterschied zwischen den beiden*.

***

Öffne deine 6-Phasen-Meditation. Von dort aus kannst du direkt in die Audiomeditation eintauchen, in der du durch das Segens-Protokoll geführt wirst. Auch hier werden die zurückliegenden Meditationen wiederholt. Das dauert nicht lange, hilft dir aber dabei, die Kraft der Meditation zu verstärken und die Praxis zu festigen.

Dies ist die letzte Phase der 6-Phasen-Meditation. Nachdem du dein Wissen zusammengeführt und gefestigt hast, kannst du über die gesamte Sequenz meditieren.

Die vollständige 6-Phasen-Meditation findest du in der Mindvalley-App sowie kostenfrei unter www.vishenlakhiani.de.

***

7

ZUM ABSCHLUSS

Vom Üben zur Meisterschaft

Vor einigen Jahren lud ich den brillanten Tom Chi ein, in meinem Büro einen Vortrag zu halten. Vielleicht hast du ja schon von ihm gehört. Er ist der Mitbegründer von Google X und Schöpfer des weltweit ersten Prototyps des Augmented-Reality-Geräts Google Glass. Dieser Mann ist ein Universalgenie und bekannt dafür, auf die schwierigsten Fragen der Menschheit Antworten geben zu können, die modernste Wissenschaft und tiefe, spirituelle Philosophie miteinander verbinden.

Tom Chi und ich führten viele erstaunliche Gespräche miteinander, von der Existenz Gottes bis hin zur Evolution des Virus, sowohl auf der Bühne als auch im Mindvalley-Podcast. Ich schätze seine Arbeit sehr.

An jenem Tag, als Tom das Mindvalley-Büro in Kuala Lumpur besuchte, wollte er einen Vortrag über exponentielle Technologien halten und über die Richtung, in der sich die Welt entwickelte. Mein Team war fasziniert, und als der Vortrag in eine kurze Frage-Antwort-Runde überging, meldete sich ein brillanter Mitarbeiter von mir zu Wort. Es war seine Frage und die Antwort darauf, die mich zu meinen persönlichen Bestrebungen und Zielen in diesem Leben inspirierten.

»Tom, was ist deiner Meinung nach eine Sache, von der wir wirklich besessen sein müssen, um diese Welt zu verbessern?«

Tom hielt ein paar Sekunden lang inne. Dann antwortete er: *»Wir müssen einen exponentiellen Anstieg des menschlichen Bewusstseins kreieren.«*

Wie Tom weiter erklärte, werden die exponentiellen Technologien, die den Kurs bestimmen, in den unsere Zukunft geht, immer leistungsfähiger und gefährlicher. Heutzutage kann jeder im Dark Web surfen, sich C4-Sprengstoff kaufen, ihn an eine 99-Dollar-Drohne schnallen und sie in ein Gebäude lenken. Mit einem Knopfdruck wird das Gebäude mitsamt allen darin befindlichen Personen in die Luft gejagt.

Und was ist das Einzige, das jemanden daran hindert? Sein Bewusstseinsstand.

Wenn wir so weitermachen und unsere Technologie immer weiter ausbauen, unsere Bewusstseinsentwicklung aber stagniert, steht uns eine dunkle Zukunft bevor. Mit anderen Worten: Wenn wir das menschliche Bewusstsein nicht auf eine höhere Ebene bringen, *sind wir erledigt.*

»Absolut *ERLEDIGT!*«, betonte Tom.

Daher besteht die größte Aufgabe, die wir jemals in Angriff nehmen können, darin, das menschliche Bewusstsein zu erhöhen. Dazu müssen wir verstehen, dass wir uns in Wirklichkeit in einem großen Tauziehen zwischen zwei gegensätzlichen evolutionären Versionen des menschlichen Geistes befinden.

Der primitive Geist versus der höhere Geist

In seinem berühmten Artikel *»The Great Battle of Fire and Light«*[35] erklärt der weltweit gefeierte Blogger (und einer meiner Lieblingsphilosophen) Tim Urban, dass das Menschsein ein ständiger Kampf ist – zwischen dem, was er als *»Primitive Mind«* und *»Higher Mind«* bezeichnet, also dem primitiven Geist und dem höheren Geist.

Viel zu oft agieren wir in der heutigen Welt von einem primitiven Geist bzw. Denken aus. Man könnte den primitiven Geist als unsere uralte animalische Software betrachten, die – anders, als viele glauben wollen – immer noch so stark wie eh und je in uns verwurzelt ist. Es ist das Programm »Fressen, sich fortpflanzen, wiederholen«.

Auf der anderen Seite verfügen wir über den höheren Geist, das hoch entwickelte Bewusstsein, in dem sich die ganze ethische, weise und spirituelle Magie abspielt.

Die Chinesen und viele andere würden den höheren Geist als das Herz und den primitiven Geist als das Ego bezeichnen, aber im Rahmen dieses Buches übernehmen wir Tims Definition.

Der primitive Geist erfährt das tägliche Leben im Überlebensmodus, im Mangelzustand und im Konkurrenzkampf. Der höhere Geist lebt das Leben mit Präsenz, Dankbarkeit und Mitgefühl.

Der primitive Geist glaubt, Kampf und Konkurrenzdenken seien entscheidend für das Überleben. Der höhere Geist weiß, dass wir die Kraft positiver Gedanken und Intentionen dazu nutzen können, die Zukunft zu manifestieren, die wir uns wünschen.

Der primitive Geist beschützt und liebt nur diejenigen, die dasselbe Familienwappen haben. Der höhere Geist erkennt, dass Grenzen, Rasse, ethnische Zugehörigkeit und Kultur Illusionen sind, und empfindet Mitgefühl für alle Menschen, ganz gleich, wie unterschiedlich sie auch zu sein scheinen.

Der primitive Geist geht in negativer Voreingenommenheit unter. Der höhere Geist nimmt alle Emotionen an und integriert sie auf gesunde Weise im Namen der persönlichen Entwicklung.

Der primitive Geist ist wild und unbelehrbar. Der höhere Geist ist flexibel, zentriert und offen.

Der primitive Geist fühlt sich allein auf der Welt. Der höhere Geist sieht die komplizierte Verbundenheit zwischen allem Leben auf der Erde und versteht, dass wir alle Teil von etwas sind, das viel größer ist als wir.

Der höhere Geist und die 6-Phasen-Meditation

Die 6-Phasen-Meditation wurde, wie du siehst, speziell gestaltet, um uns hin zum höheren Geist zu entwickeln. Obwohl wir einige Elemente dieses primitiven Geistes für unser Überleben brauchen (zum Beispiel die Fähigkeit, zu kämpfen oder zu fliehen), hat der primitive Geist, der uns als Individuen verzweifelt am Leben zu erhalten versucht, ironischerweise das Potenzial, die menschliche Rasse auszulöschen.

Wenn wir also unser Bewusstseinsniveau erweitern wollen, um mit der erschreckend hohen technologischen Messlatte mithalten zu können, die wir uns gesetzt haben, müssen wir den höheren Geist aktivieren. Und zwar ganz schnell.

Das, liebe Leser und Leserinnen, war also die geheime Agenda hinter der 6-Phasen-Meditation. Denn wie sich zeigt, haben alle Phasen dieser Meditation – Mitgefühl, Dankbarkeit, Vergebung, Menschlichkeit plus Zielsetzung und Spiritualität – nicht nur das Potenzial, deine Haut als Individuum zu retten. Wenn wir gemeinsam auf diese Weise meditieren, könnte uns das am Ende *alle* retten.

Unser »Sandkorn« dem großen Strand hinzufügen

Jetzt, da du dieses neu hinzugewonnene Wissen über die Zukunft der Menschheit, die Technologie und das den Weltfrieden inspirierende höhere Bewusstsein »durchkaust«, magst du womöglich ganz besonders dazu motiviert sein, deine Meditationspraxis beizubehalten. Ich hatte allerdings nicht vor, dich damit zu überwältigen.

Im Grunde genommen beginnst du mit dem Meditieren für *dich selbst*. Und das ist genug. Es ist mehr als genug.

Du hast Liebe, Frieden und Glück genauso sehr verdient wie jeder andere Mensch, und diese Meditation wird es dir geben. Du musst nicht auf der Straße gewaltsam gegen künstliche Intelligenz protestieren, den Leuten Plastikstrohhalme aus dem Mund reißen und barfuß durch San Francisco laufen, um zu zeigen, dass dir die Erde am Herzen liegt.

Es gibt ein schönes, häufig verwendetes spanisches Sprichwort, das den Wert kleiner Veränderungen beschreibt und wie sie sich auf lange Sicht auswirken:

»Hay que poner cada uno su granito de arena.«
»Jeder Einzelne muss sein eigenes Sandkorn beisteuern.«

Das heißt, wenn jeder ein winziges Sandkorn hinzufügt, erhält man letztendlich einen Strand, der einen Besuch wert ist.

Würde jeder Einzelne morgen früh meditieren, ein Gefühl des Mitgefühls und der Zugehörigkeit verspüren, sich dankbar und von Groll befreit fühlen und die Kraft und Inspiration aufbringen, in die Welt hinauszugehen und einen Beitrag zu leisten, indem er jeden Tag so lebt, als wäre es sein letzter ... – kannst du dir vorstellen, was für ein wunderbarer Ort dieser Planet wäre?

Aber bevor das geschieht, brauchen wir ein paar starke Pioniere, die ihre Innenwelt zur Vollkommenheit bringen, damit sie in der Außenwelt etwas bewirken können.

Und das beginnt bei dir.

Deine Reise beginnt

Nun weißt du also, was deine Mission bzw. deine Aufgabe ist, und solltest dich dafür entscheiden, sie anzunehmen. Also lass uns dieses Buch schließen und damit weitermachen, durch Meditation unseren Weg zum menschlichen Glück und zu einem nachhaltigen Planeten zu bahnen.

Die 6-Phasen-Meditation ist nur der Beginn deiner wunderbaren Reise zur persönlichen Weiterentwicklung. Wenn du erst einmal tiefer darin eintauchst, wirst du praktisch dazu gedrängt, jeden Aspekt deiner selbst zu verbessern, zu optimieren und zu steigern. Ich bestärke dich also darin, täglich zu üben und zu praktizieren.

Viele Menschen praktizieren die 6-Phasen-Meditation Hunderte von Tagen hintereinander, und ich ziehe meinen Hut vor ihnen. Das ist optimal. Aber wenn du einmal einen Tag auslässt, ist das wirklich kein Problem; ein weiteres sinnloses Kästchen zum Abhaken auf deine To-do-Liste zu setzen, ist wirklich das Letzte, was ich will.

Mach es für dich! Mach es, weil es dir ein gutes Gefühl gibt. Mach es, weil es dich dabei unterstützen wird, dein Licht in der Welt leuchten zu lassen.

Diese Meditation ist bei Weitem das Effektivste von allem, was ich tagtäglich im Leben tue, und ich hoffe wirklich, dass sie für dich genauso zu einer Rettungsleine wird wie für mich.

Dies ist also mein Geschenk an dich. Wie ich im Buch immer wieder zum Ausdruck gebracht habe, ist die 6-Phasen-Meditation auf allen Plattformen, die wir nutzen, völlig kostenlos und wird es auch immer sein. Außerdem kannst du sie dir gerne vornehmen, sie hacken, sie verändern, sie optimieren, sie deinen Freunden beibringen, sie in 5 Minuten hineinquetschen, sie auf 30 Minuten verlängern – mach damit, was immer du willst. Aber es gibt *eine* Regel: Setze dich mit mir in Verbindung und teile mir mit, was du damit gemacht hast!

Die 6-Phasen-Meditation entwickelt sich ständig weiter (sie hat sich in den letzten acht Jahren bereits stark verändert), und ich bin immer bestrebt, sie zu verfeinern, um sie möglichst vielen Menschen zugänglich zu machen.

Schlusswort: Gib niemals auf!

Bevor wir zum Schluss kommen, möchte ich dir noch einen Rat geben: Mach weiter! Selbst wenn du nach einem Jahr den Eindruck hast, du würdest auf der Stelle treten, selbst wenn es so aussieht, als würdest du die 6-Phasen-Meditation nicht mehr »brauchen«, mach bitte weiter damit!

Genau wie Sport wird sie immer gut für dich sein. Du hörst nicht auf zu laufen, zu tanzen und Gewichte zu heben, nur weil du jetzt endlich den Körper hast, den du immer wolltest, oder? Du trainierst weiter, um auch weiterhin einen sexy Körper zu haben. Und genauso verhält es sich mit deinem Geist.

John Davy, der geniale Unternehmer hinter Jongleurs, einer weltberühmten Kette von Comedy-Clubs in Großbritannien, erzählte mir einmal, dass er die 6-Phasen-Meditation 100 Tage hintereinander praktizierte. Nach 100 Tagen war das Meditieren verständlicherweise etwas ganz Normales für ihn. Er bemerkte nicht mehr so enorme Veränderungen wie zuvor; also beschloss er, damit aufzuhören. Schließlich war er ein viel beschäftigter Mann.

Nachdem er mit dem Meditieren aufgehört hatte, wandten sich Kollegen und Freunde allmählich besorgt an ihn: »John, bist du okay?«, »John, da ist doch etwas im Busch!«, »John, hast du deine Medikamente abgesetzt?«

Er nahm gar keine Medikamente ein; er hatte keine Ahnung, wovon sie sprachen. Aber seine Freunde hatten bemerkt, dass er unruhiger geworden war und sichtlich in alte Angstmuster zurückfiel.

Er erkannte, dass seine Meditationspraxis diesen ungesunden Gewohnheiten entgegengewirkt und seine Energie und seinen Erfolg als Führungskraft bestimmt hatte. Selbstverständlich fing er nun wieder mit dem Meditieren an.

Also mach weiter, solange es dir leichtfällt; aber auch, wenn die Dinge schieflaufen, ja *vor allem,* wenn die Dinge schieflaufen.

Ich würde so gerne einen Zauberstab schwingen und dir versichern, du werdest die Inkarnation des Buddha des 21. Jahrhunderts oder eine jüngere Version von Gandhi sein, weil du dieses Buch gekauft hast, und du werdest auf der Stelle so erleuchtet, dass dich nichts mehr bekümmert und stört; dir werde nie wieder das Herz gebrochen; du werdest nie wieder Verlust, Stress und Turbulenzen erleiden; du werdest nie mehr Widerstand gegen die Meditation erleben; du werdest dich nie mehr davor fürchten, gerade dann mit deinem Kopf in einem stillen Raum zu sitzen, wenn es dir am schlechtesten geht.

Aber ich kann nicht mit dem Zauberstab wedeln, und es wäre auch nicht gerecht und richtig. Denn manchmal – sehr oft sogar – schöpfen wir aus dem Schmerz unsere tiefste Weisheit und unser inneres Wissen. Wir werden durch das, was wir durchmachen, immer *wachsen,* wenn wir offen dafür sind, größer zu werden als das, was uns »passiert«, und unser Bewusstsein zu erweitern.

Nein, ich weiß nicht, was auf dich zukommt, wenn du dieses Buch zuklappst, und ich weiß auch nicht, was auf mich zukommt, wenn ich es fertig geschrieben habe.

Aber eines weiß ich. Ich weiß, dass wir jetzt über eine Reihe von Fähigkeiten verfügen, die es uns nicht nur ermöglichen, unsere größten Rückschläge zu überleben, sondern auch, als Spezies zu *florieren,* etwas zu erreichen und zu wachsen, egal, was passiert.

Die 6-Phasen-Meditation – das Skript

Dieser Abschnitt enthält das Skript der 6-Phasen-Meditation. Damit kannst du sie im Rahmen von Fortbildungsmaßnahmen praktizieren; und Leser und Leserinnen, die vielleicht gehörlos oder schwerhörig sind, erhalten somit einen Zugang.

Im Namen von Vishen Lakhiani heißen wir dich willkommen bei der 6-Phasen-Meditation!
Du wirst nun behutsam durch alle sechs Phasen geführt.

***

Los geht es mit ***Phase 1: Der Kreis der Liebe und des Mitgefühls.***

Denke bitte an jemanden, den du sehr liebst, sei es ein Familienmitglied, eine Freundin, ein Liebespartner oder ein Haustier.
Sieh diese Seele vor dir und spüre die Liebe, mit der sie dich erfüllt. Fühle die Liebe in deinem Herzen.
Gib dieser Liebe eine Farbe, zum Beispiel Hellgrün, Rosa, Weiß oder Blau.
Atme nun tief ein. Beim Ausatmen stellst du dir vor, wie sich das Licht dieser Liebe von deinem Herzbereich ausbreitet und deinen ganzen Körper erfüllt.
Atme noch einmal tief ein und aus und spüre dabei, wie sich

das Licht dieser Liebe über deinen Körper hinaus ausdehnt und den Raum erfüllt, in dem du dich gerade befindest.
Während sich dieses Licht ausbreitet und den Raum erfüllt, stellst du dir vor, wie das Gefühl der Liebe von dir auf alles Leben im Raum ausstrahlt – auf jeden Menschen, jedes Haustier, jede Pflanze.
Atme erneut tief ein und stell dir beim Ausatmen vor, wie das Licht der Liebe das ganze Gebäude erfüllt und alles berührt, was im Gebäude das Leben repräsentiert.
Atme tief ein und stell dir beim Ausatmen vor, wie diese Liebe noch weiter ausstrahlt und die ganze Stadt einhüllt, in der du dich befindest. Du spürst die Stadt vielleicht oder siehst sie, als würdest du sie auf einer Karte betrachten. Sieh die Stadt im Licht der Liebe und des Mitgefühls.
Atme noch einmal tief ein und fühle beim Ausatmen, wie dieses Licht der Liebe das ganze Land erfüllt, in dem du dich befindest. So wie du es für deine Stadt getan hast, kannst du auch das Land wie auf einer Landkarte betrachten; du könntest auch deine Nationalflagge vor deinem geistigen Auge sehen.
Stell dir vor, wie deine Liebe und dein Mitgefühl von deinem Herzen auf jeden Menschen, jedes Tier und jede Pflanze in diesem Land ausstrahlen.
Atme noch einmal tief ein und lass beim Ausatmen deine Liebe und dein Mitgefühl sich so weit ausdehnen, dass sie den ganzen Planeten einhüllen.
Sieh den ganzen Globus vor dir, mit all seinen Ländern, Menschen, Tieren und Pflanzen, wie sie vom Licht deiner Liebe umhüllt sind.
Du kannst einen Segen oder ein Mantra für jedes Lebewesen auf der Erde sprechen, zum Beispiel:
»Möget ihr gesund sein, möget ihr frei sein von Leiden, möget ihr in Frieden leben.«
Damit hast du die erste Phase abgeschlossen.

***

Wir gehen nun weiter zu **Phase 2: Glücklichsein und Dankbarkeit.**

Bitte überlege dir drei Dinge oder Situationen, für die du in deinem Privatleben dankbar bist. Sie können einen Tag, eine Woche, einen Monat, ein Jahr oder sogar Jahre zurückliegen. Während du über diese drei sinnierst, fokussiere dich auf die Gefühle, die sie in dir hervorrufen. Spüre die Freude, die Liebe, die Leichtigkeit und die Wertschätzung, die du in dem Moment empfunden hast, als du diese Geschenke bekamst oder diese Erfahrungen machtest.

Denke jetzt bitte an drei Dinge oder Erfahrungen in deinem Berufsleben, für die du dankbar sein kannst; sie können in den letzten 24 Stunden oder auch in den vergangenen 7 Tagen geschehen sein. Sei es, dass du dich über ein freundliches Wort eines Kollegen, ein gut laufendes Projekt oder dein Einkommen freust – spüre all die positiven Gefühle und danke dafür.

Nun gehen wir zum dritten Bereich der Dankbarkeit weiter: Dankbarkeit für dich selbst. Denke an drei Aspekte deines Seins; sie können deinen Körper betreffen, deinen Geist, deine Persönlichkeitsmerkmale – irgendetwas, wofür du dankbar bist.
Fühle, wie dankbar du für diese drei Aspekte deiner selbst bist, und genieße die Freude und die positiven Emotionen, wenn du dir jeden deiner individuellen Aspekte vergegenwärtigst.

***

Wir kommen zu **Phase 3: Frieden durch Vergebung.**

Denke an eine zwischenmenschliche Begebenheit, die dich negativ aufgeladen hat – sei es eine Kleinigkeit oder etwas Schwerwiegendes. Wenn du gerade erst mit dieser Meditationspraxis anfängst, beginne mit etwas Kleinem.

Stell dir die Person, der du vergeben musst, an einem geschützten Ort vor; das kann ein Strand, ein Wald oder ein Garten sein, wo immer du dich sicher fühlst.
Schau diese Person an und bringe deine Empfindungen zum Ausdruck. Teile ihr genau mit, womit sie dich verletzt, gekränkt oder betrogen hat, als würdest du die Anklage vor Gericht verlesen.
Gib dir ein wenig Zeit, den Schmerz zu fühlen.
Lenke nun deine Aufmerksamkeit von dem Schmerz weg und richte sie wieder auf die Person, die dir Unrecht zugefügt hat. Versuche die Situation mit ihren Augen zu sehen, selbst wenn es dir zunächst schwierig erscheint. Überlege, wie sie die Situation wahrgenommen haben mag. Du kannst sogar noch weiter gehen und darüber nachdenken, was diese Person erlebt haben könnte, das sie zu diesem Verhalten veranlasst hat. Du weißt: Verletzte Menschen verletzen Menschen.
Nachdem du die Situation mit ihren Augen betrachtet hast, überlege, was du aus diesem Vorfall gelernt haben könntest: Wie hat er dir bei deiner Entwicklung geholfen? Bist du dadurch stärker oder weiser geworden?
Und jetzt, da du diese Person vor dir siehst, entscheide dich, ihr zu vergeben.
Sofern es dir möglich ist, stell dir vor, wie du sie umarmst, als Zeichen deiner Vergebungsbereitschaft.
Du kannst diesen Prozess mit demselben Vorfall und derselben Person jeden Tag während der 6-Phasen-Meditation durchlaufen, je nachdem, wie schwerwiegend das Ereignis für dich war.
Sobald du das Gefühl hast, diesen Menschen ohne negative Ladung umarmen zu können, kannst du mit jemand anderem weitermachen.

***

Wir befassen uns nun mit ***Phase 4: Eine Vision für deine Zukunft.***

Vergegenwärtige dir deine Visionen und Träume für dein Leben in drei Jahren. Vergiss nicht: Oft überschätzen wir, was wir in einem Jahr schaffen können, aber unterschätzen, was wir innerhalb von drei Jahren erreichen können. Male dir also dein Leben in drei Jahren aus, als würdest du einen Film anschauen, der auf einer Leinwand vor dir abläuft. Visualisiere dabei jeden Lebensbereich, der dir wichtig ist.
Du kannst dabei eine perfekte Szene deines Lebens in drei Jahren ablaufen lassen; du kannst aber genauso gut zwei oder drei deiner spezifischen Ziele wählen. Sie könnten mit deiner Karriere, deinem Liebesleben, deiner Gesundheit oder Fitness oder mit deinen Reisewünschen in Verbindung stehen, aber auch mit deiner persönlichen Entwicklung oder Spiritualität zu tun haben. Wie auch immer, gestalte die Vision dieser Ziele so lebendig wie möglich und beziehe alle fünf Sinne ein: Was siehst du? Oder wenn Sehen nicht dein dominanter Sinn ist: Was hörst du? Was riechst du? Was empfindest und spürst du?
Stell dir dieses Ziel ganz so vor, als hättest du es bereits erreicht.
Du hast jetzt ein paar Minuten Zeit, in denen du bei deinen Zukunftsvisionen verweilen kannst. Beziehe dabei alle fünf Sinne ein: Was siehst du? Was hörst du? Was fühlst, riechst und schmeckst du?
Wer ist in dieser Szene noch bei dir?
Es ist hilfreich, zu sehen, wie dein Erfolg auch anderen Menschen dient.

Schließe diese Phase in dem Wissen ab, dass die Erfüllung deiner Zukunftsvision auf dem Weg zu dir ist.

***

Gehen wir zu **Phase 5** *über:* **Deinen Tag meistern.**

Stell dir deinen Tag als eine Reihe von Abschnitten vor; jeder Abschnitt wird sich während der Meditation mit perfekter Intention entfalten.
Wir beginnen mit dem Morgen, gleich nachdem du deine Meditation beendet hast. (Falls du bei Nacht meditierst, denke an den folgenden Morgen nach dem Aufwachen.)
Fasse eine Absicht dahingehend, wie du deinen Morgen gestalten möchtest. Was wirst du als Erstes tun?
Vielleicht siehst du, wie du ein wohltuendes morgendliches Training absolvierst. Oder du schmeckst dein köstliches, nahrhaftes Frühstück auf der Zunge ... Du malst dir aus, wie dein Arbeits-, Studien- oder Freizeittag perfekt verläuft. Du siehst, wie die Zeit voranschreitet: 9 Uhr, 10 Uhr, 11 Uhr ...
Du entdeckst lächelnde Gesichter um dich herum; du erkennst, wie wunderbare Synchronizitäten eintreten; du nimmst Gefühle der Leichtigkeit und Freude wahr.
Du siehst, wie du eine erquickende Mittagspause machst ..., wie du dich inspiriert fühlst ..., wie du mit dir selbst und mit den Menschen um dich herum tief verbunden bist ..., wie du friedvoll und gut gelaunt bist.
Du kannst dir bestimmte Begegnungen oder Situationen, die im Lauf des Tages anstehen, vor Augen führen und die Intention hegen, dass alles so abläuft, wie du es dir wünschst.
Sieh, wie die Zeit voranschreitet: 14 Uhr, 15 Uhr, 16 Uhr, 17 Uhr ...
Neigt sich der Tag dann dem Ende zu, siehst du dich vielleicht zu deinen Lieben nach Hause zurückkehren; du malst dir aus, wie ihr lachend, entspannt, freudvoll und glücklich das Leben genießt. Sieh, wie wunderbar dein Abend verläuft.
Nun stell dir vor, wie du zu Bett gehst und einen herrlich erholsamen und gesunden Nachtschlaf vor dir hast.
Damit hast du die fünfte Phase abgeschlossen.

***

Weiter geht es zu **Phase 6: Die Segnung.**

Zum Abschluss der Meditation erbittest du einen Segen, der dich heute auf deinem Lebensweg begleitet und unterstützt. Nimm dir einen Moment Zeit, um dich bewusst mit der höheren Macht zu verbinden, an die du glaubst, sei es Gott, eine bestimmte Gottheit, das Universum, das »Feld« – mit welchem Wort auch immer du deine höhere Macht benennst. Falls du Atheist bist, kannst du auch einer älteren, weiseren Version deiner selbst begegnen, die dich und deine Intentionen wohlwollend fördert.
Stell dir den Segen als ein wunderschönes goldenes oder weißes, von oben herabstrahlendes Licht vor. Lass dieses Licht über deinen Kopf und die Wirbelsäule bis hinunter zu deinen Zehenspitzen strömen.
Visualisiere, wie sich das Licht von deinem Körper ausbreitet, sodass du in eine schützende Kugel aus liebevollem, unendlich kraftvollem Licht eingehüllt wirst, das von deiner höheren Macht gesandt wurde.
Sei dir gewiss, dass dich dieser Segen den ganzen Tag über begleitet, um dich vor Negativität zu schützen, dich zu unterstützen und dich mit allen erforderlichen Qualitäten zu erfüllen, damit du erblühen und erfolgreich sein kannst.
Dies ist dein Segen.

***

Du hast nun die 6-Phasen-Meditation vollendet.

Ich zähle gleich von eins bis fünf. Bei fünf wirst du hellwach sein, dich wunderbar fühlen, in perfekter Gesundheit sein, dich besser fühlen als zuvor.

Eins ..., zwei ..., drei ... Mach dich bereit, die Augen zu öffnen, wenn ich bei fünf angelangt bin, und dich wunderbar, vollkommen gesund, besser als zuvor zu fühlen.
Vier ..., fünf ..., Augen auf, hellwach, aufmerksam, wunderbar, wohlgestimmt, erfrischt, besser als zuvor.

Danke, dass du mit uns die 6-Phasen-Meditation praktizierst!

Notizen

Endnoten

Vorwort

(1) Mitchell, Gail, »Miguel Talks Connecting with Fans Through Meditation Before His Shows«, *Billboard,* 26. September 2018, https://www.billboard.com/music/rb-hip-hop/miguel-meditation-interview-8477080/

(2) Gallup Inc., »The World's Broken Workplace«, Gallup.com, 13. Juni 2017, https://news.gallup.com/opinion/chairman/212045/world-broken-workplace.aspx

Einführung

(3) »27 Meditation Statistics: Data and Trends Revealed for 2022«, *The Good Body,* 13. Januar 2022, https://www.thegoodbody.com/meditation-statistics/

(4) Allen, Summer, »The Science of Gratitude«, Greater Good Science Center, UC Berkeley, 2018, https://ggsc.berkeley.edu/images/uploads/GGSC-JTF_White_Paper-Gratitude-FINAL.pdf

(5) Carson, James W., et al., »Forgiveness and Chronic Low Back Pain: A Preliminary Study Examining the Relationship of Forgiveness to Pain, Anger, and Psychological Distress«, *Journal of Pain,* Bd. 6, Nr. 2, Februar 2005, S. 84–91, DOI.org (Crossref), https://doi.org/10.1016/j.jpain.2004.10.012

(6) Lakhiani, Vishen, *Definiere dich NEU: Das Update für ein außergewöhnliches Leben,* Momanda, 2019, S. 189 [engl. Originalausg.: *The Code of the Extraordinary Mind: Ten Unconventional Laws to Redefine Your Life and Succeed on Your Own Terms,* Rodale, 2016]

(7) Achor, Shawn, *The Happiness Advantage: How a Positive Brain Fuels Success in Work and Life,* Currency, 2013 [dt. Ausg.: *Das Happiness-Prinzip: Wie Sie mit 7 Bausteinen der Positiven Psychologie erfolgreicher und leistungsfähiger werden,* Unimedica/Narayana, 2020]

Kapitel 1

(8) Kafko, Steven, »History Lesson – How America Started Brushing Teeth«, 209 NYC Dental, 22. November 2016, https://www.209nycdental.com/history-lesson-america-started-brush-teeth/

(9) Tetlock, Phillip, »A Social Check on the Fundamental Attribution Error«, *Social Psychology Quarterly,* Bd. 48, Nr. 3, September 1985, S. 227–236, http://faculty.haas.berkeley.edu/tetlock/vita/Philip%20Tetlock/Phil%20Tetlock/1984-1987/1985%20Accountability%20A%20Social%20Check%20on%20the%20Fundamental%20Attri.pdf

(10) Diener, Ed / Seligman, Martin E.P., »Very Happy People«, *Psychological Science,* Bd. 13, Nr. 1, Januar 2002, S. 81– 84, DOI.org (Crossref), https://doi.org/10.1111/1467-9280.00415

(11) Davidson, Richard, »Regulation of the Neural Circuitry of Emotion by Compassion Meditation: Effects of Meditative Expertise«, University of Wisconsin-Madison, 2008, https://news.wisc.edu/study-shows-compassion-meditation-changes-the-brain/#sthash.416H9FF5.dpuf

(12) Weng, Helen Y., et al., »Compassion Training Alters Altruism and Neural Responses to Suffering«, *Psychological Science,* Bd. 24, Nr. 7, Juli 2013, S. 1171– 1180. https://doi.org/10.1177/0956797612469537

(13) Hamilton, David R., »Loving Kindness Slows Ageing at the Genetic Level«, 14. August 2019, https://drdavidhamilton.com/loving-kindness-slows-ageing-at-the-genetic-level/

(14) Gregoire, C., »Kindness Really Does Make You More Attractive«, *HuffPost,* 29. Oktober 2014, https://www.huffpost.com/entry/kindness-attractive_n_6063074

(15) McCraty, Rollin, et al., »The Resonant Heart«, HeartMath Institute, 2005, https://www.heartmath.org/research/research-library/relevant/the-resonant-heart/ (abgerufen am 14. Februar 2022)

Kapitel 2

(16) Stillman, Jessica, »In 1922 Einstein Scribbled the Secret to Happiness on a Note. Nearly a Hundred Years Later It Sold for $1.56 Million«, *Inc.com,* 29. November 2021, https://www.inc.com/jessica-stillman/albert-einstein-happiness-theory.html

(17) Sullivan, Dan / Hardy, Benjamin, *The Gap and the Gain: The High Achievers' Guide to Happiness, Confidence, and Success,* Hay House, 2021

(18) Emmons, Robert A., *Thanks! How the New Science of Gratitude Can Make You Happier,* Houghton Mifflin, 2007

(19) »Giving Thanks Can Make You Happier«, *Harvard Health Publishing,* 22. November 2011, https://www.health.harvard.edu/healthbeat/giving-thanks-can-make-you-happier

(20) OHCHR, *Annual Thematic Reports: Special Rapporteur on the Right to Adequate Housing,* United Nations, https://www.ohchr.org/EN/Issues/Housing/Pages/AnnualReports.aspx (abgerufen am 14. Februar 2022)

(21) Wattles, W.D., *The Science of Getting Rich: Your Master Key to Success,* Thrifty Books, 2009
[dt. Ausgaben, z.B.: *The Science – Der Weg zum Reich-Werden,* Börsenmedien AG, 2010 // *Die Wissenschaft des Reichwerdens,* Nikol Verlag, 2009]

Kapitel 3

(22) Zheng, Xue, et al., »The Unburdening Effects of Forgiveness: Effects on Slant Perception and Jumping Height«, *Social Psychological and Personality Science,* Bd. 6, Nr. 4, Mai 2015, S. 431–438, DOI.org (Crossref), https://doi.org/10.1177/1948550614564222

(23) Friedberg, Jennifer P., et al., »The Impact of Forgiveness on Cardiovascular Reactivity and Recovery«, *International Journal of Psychophysiology,* Bd. 65, Nr. 2, August 2007, S. 87–94, https://doi.org/10.1016/j.ijpsycho.2007.03.006

(24) »Alpha One Brain Training and Neurofeedback«, Biocybernaut Institute, https://www.biocybernaut.com/training/ (abgerufen am 14. Februar 2022)

(25) Walsch, Neale Donald, *The Little Soul and the Sun: A Children's Parable,* adaptiert aus *Conversations with God,* Hampton Roads Publishing, 1998
[dt. Ausg.: *Ich bin das Licht! Die kleine Seele spricht mit Gott,* Hans Nietsch Verlag, 1999]

Kapitel 4

(26) Kearns, Dwight W. / Crossman, Jane, »Effects of a Cognitive Intervention Package on the Free-Throw Performance of Varsity Basketball Players During Practice and Competition«, *Perceptual and Motor Skills,* Bd. 75, Nr. 3, Beilage, Dezember 1992, S. 1243–1253, https://doi.org/10.2466/pms.1992.75.3f.1243

(27) Ranganathan, Vinoth K., et al., »From Mental Power to Muscle Power – Gaining Strength by Using the Mind«, *Neuropsychologia,* Bd. 42, Nr. 7, 2004, S. 944–956, https://doi.org/10.1016/j.neuropsychologia.2003.11.018

(28) Silva, José / Miele, Philip, *The Silva Mind Control Method,* Pocket Books, 1991
[dt. Ausg.: *Silva Mind Control: Die universelle Methode zur Steigerung der Kreativität und Leistungsfähigkeit des menschlichen Geistes*]

(29) Simonton, O. Carl, et al., *Getting Well Again: A Step-by-Step, Self-Help Guide to Overcoming Cancer for Patients and Their Families,* J.P. Tarcher; Vertrieb durch St. Martin's Press, 1978

(30) Blue Banyan AU, »Creative Visualization: The Neurology of How It Works – And How to Make It Work for You!«, *Medium,* 22. April 2014, https://medium.com/@BlueBanyanAU/creative-visualization-the-neurology-of-how-it-works-and-how-to-make-it-work-for-you-8994211a7675

Kapitel 5

(31) Bokhari, Dean, »The Power of Focusing on What You Want (How Your Brain's Reticular Activating System Functions in Your Favor)«, https://www.meaningfulhq.com/reticular-activating-system-function.html (abgerufen am 14. Februar 2022)

Kapitel 6

(32) »The Global Religious Landscape«, Pew Research Center, Religion & Public Life Project, 18. Dezember 2012, https://www.pewforum.org/2012/12/18/global-religious-landscape-exec/

(33) »Results of World's Largest Near Death Experiences Study Published«, University of Southampton, 7. Oktober 2014, https://www.southampton.ac.uk/news/2014/10/07-worlds-largest-near-death-experiences-study.page (abgerufen am 14. Februar 2022)

(34) Harrison, Paul, »Adding Emotion to Atheism«, *New Statesman,* 9. Juni 2021, https://www.newstatesman.com/politics/2008/06/universe-atheism-pantheist-god

Kapitel 7

(35) Urban, Tim, »The Great Battle of Fire and Light«, Wait But Why, 26. August 2019, https://waitbutwhy.com/2019/08/fire-light.html

Dank

Zuallererst geht ein herzlicher Dank an meine Familie, Hayden, Eve, Kristina, Mohan, Roopi, Virgo und Ljubov, und an alle meine wunderbaren Freunde, die mir dabei helfen, zu dem Menschen zu werden, der ich bin.

Ich möchte auch all unseren Mindvalley-Autoren und -Trainern danken, die mich seit mehr als zwei Jahrzehnten mit Weisheit versorgt, mein persönliches Wachstum gefördert und viele Lehren in diesem Buch inspiriert haben.

Ein großes Dankeschön geht an das Team von Penguin Random House und Donna Loffredo für ihre unermüdliche Professionalität und Unterstützung; es war eine Ehre für mich, bei diesem Projekt so eng mit euch zusammenzuarbeiten.

Und zu guter Letzt möchte ich meiner Mitherausgeberin und Mitarbeiterin Amy White danken, der Britin mit dem losen Mundwerk und dem brillanten Sinn für Humor, die mir geholfen hat, dieses Buch zusammenzustellen. Danke, dass du meine Ideen gesammelt, ins geschriebene Wort übertragen und die Peitsche geschwungen hast, damit ich den Zeitplan einhalten konnte.

Über den Autor

Vishen Lakhiani ist der Gründer und Geschäftsführer von Mindvalley, der weltweit leistungsfähigsten Transformationsplattform mit einer wachsenden Gemeinschaft von 20 Millionen Leuten und der Mission, Menschen zu helfen, ihre wahre Größe zu entfalten. Er ist der Autor der *»New York Times«*-Bestseller *»The Buddha and the Badass«* [dt. Ausg.: *»Buddha meets Badass: Wie du mit universellen Prinzipien erfolgreich bist«*] und *»The Code of the Extraordinary Mind«* [dt. Ausg.: *»Definiere dich NEU: Das Update für ein außergewöhnliches Leben«*], das in knapp zwei Dutzend Sprachen übersetzt wurde.

Vishen Lakhiani

Definiere dich NEU – Das Update für ein außergewöhnliches Leben

(Neuauflage des Buches »Lebe nach deinen eigenen Regeln«)

Was wäre, wenn alles, was wir über die Welt zu wissen glauben – unsere Vorstellungen von Liebe, Erziehung, Bildung, Spiritualität, Arbeit und Glück –, auf völlig veralteten Regeln und einschränkenden Überzeugungen basiert?
Wie sähe dein Leben aus, wenn du die Regeln der Vergangenheit vergessen und eine neue, eigene Definition von Glück, Sinnhaftigkeit und Erfolg aufstellen könntest?
Erfahre die Gesetzmäßigkeiten, mit deren Hilfe du dich von den Fesseln des gewöhnlichen Lebens befreist! Denke von nun an so unkonventionell wie einige der größten und unangepassten Köpfe unserer Zeit! Lerne, Dinge infrage zu stellen, Lösungen zu finden und neue Richtlinien für dein Leben aufzustellen, damit du Erfolg nach deinen eigenen Bedingungen definieren kannst.
Vishen Lakhiani zeigt dir, wie du die Realität mittels einzigartiger Modelle wie dem *Consciousness Engineering* beugen kannst. Damit wirst du dich schneller als jemals zuvor weiterentwickeln. Du wirst erkennen, dass es keine Grenzen gibt.

Werde außergewöhnlich!

ISBN 978-3-95628-030-6

Vishen Lakhiani

Buddha meets Badass–
Wie du mit universellen Prinzipien
erfolgreich bist

Vergiss die ganze Hektik!
Dieses Buch wird deine tief verwurzelten Überzeugungen über Arbeit, Erfolg und das Leben auf den Kopf stellen.

Sie generieren Ideen in Windeseile; sie ziehen wie ein Magnet die »richtigen« Leute an. Andere Menschen wollen sich unbedingt ihrer Mission, ihrem Unternehmen, ihrem Team anschließen. Sie bewegen sich mit fließender Leichtigkeit, bringen Projekte mit einem Lächeln im Gesicht zum Abschluss. Sie bekommen die begehrte Gehaltserhöhung und Beförderung.
Diese Superstars sind oft in der Lage, sich in »die Zone« zu begeben, und legen bemerkenswerten Fokus und Kreativität an den Tag. Sie sind Meister der Beziehungen und knüpfen enge Bande mit ihren Teams und allen Menschen um sie herum. Bei ihren Geschäften geht es um Win-win-Situationen. Und sie haben anscheinend besonderes Glück. Es läuft einfach gut für sie. Es scheint, als würde das Universum die Realität zu ihren Gunsten beugen.
In diesem Buch geht es darum, wie auch du dich solchen Menschen anschließen kannst. Und es geht es um die Erweckung der zweifachen Kräfte des Buddha – des spirituellen Meisters – und des Badass – des Veränderers, der den Status quo herausfordert. Beide Kräfte schlummern bereits in dir. Einmal erweckt, werden sie deine Arbeitsweise von Grund auf verändern.

ISBN 978-3-949458-00-2

Jim Kwik

Limitless –
Wie du schneller lernst und
dein Potenzial befreist

Unser Gehirn ist das mächtigste Werkzeug der Welt, aber niemand hat uns eine Bedienungsanleitung dafür gegeben. Bis jetzt!

Es gibt keine Grenzen für mentales Potenzial – wenn man nur weiß, wie man das Gehirn richtig nutzt.
Seit über 25 Jahren trainiert Mentalcoach Jim Kwik Schauspieler, Sportler, Geschäftsführer und viele weitere Menschen in allen Lebenslagen, um ihre wahre Mentalkraft zu entwickeln.
In diesem Buch weiht er in die wissenschaftlich belegten Strategien und praktisch erprobten Techniken ein, die die weltweit klügsten Köpfe benutzen, um ihre Gehirnleistung zu steigern und noch erfolgreicher zu werden. Er zeigt, wie du Gewohnheiten verbessern, gleichzeitig negative Wege verlassen und mühelos neue, erfolgreiche Routinen in deinen Alltag integrieren kannst. Er legt dar, wie sich Leistungsfähigkeit steigern, Motivation spüren und der mentale Nebel lichten lässt, um die schier unendlichen Kraftreserven zu aktivieren und dadurch selbst scheinbar allzu weit entfernte Ziele zu erreichen.
Wer weiß, wie er richtig lernt, kann alle Grenzen des Denkens überwinden, neue Erfolgslevels erklimmen und ein wirklich ausgefülltes Leben führen. Diese Erkenntnisse dienen als eine verständlich erklärte Bedienungsanleitung, wie jeder sein grenzenloses Potenzial freisetzen kann. Von den besten Techniken und Tricks der absoluten Experten, vom besten Brainfood über Schlafoptimierung bis hin zur inneren Ausgeglichenheit – egal, was es ist, es lässt sich alles erreichen, in jedem Alter.

ISBN 978-3-949458-01-9

Tom Mögele

Das MindFlow-Konzept – Wie Sie durch Nicht-Wollen und Nicht-Tun alles erreichen

Möglicherweise kennen Sie auch Menschen, die ihren Zielsetzungen und eigenen Vorgaben hinterherhetzen und sich deshalb gestresst, kraft- und energielos fühlen?

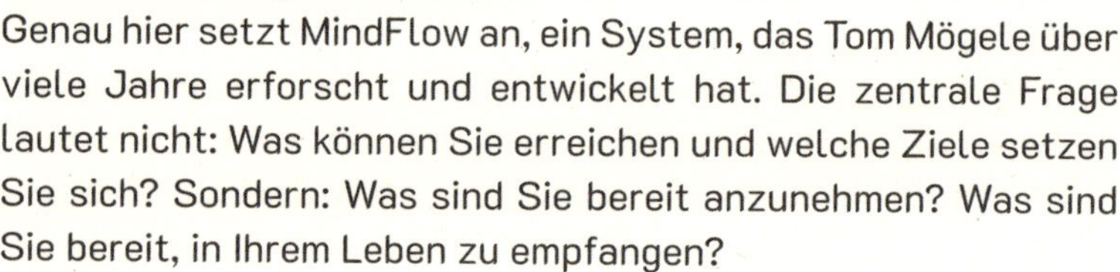

Genau hier setzt MindFlow an, ein System, das Tom Mögele über viele Jahre erforscht und entwickelt hat. Die zentrale Frage lautet nicht: Was können Sie erreichen und welche Ziele setzen Sie sich? Sondern: Was sind Sie bereit anzunehmen? Was sind Sie bereit, in Ihrem Leben zu empfangen?

In einem erhöhten Bewusstseinszustand, dem G4-Bewusstsein, in das Sie mithilfe dieses Buches einzutauchen lernen, sind alle Möglichkeiten vorhanden. Es ist alles da. Sie müssen nur bereit sein, es anzunehmen. Diese Bereitschaft ist häufig durch ein scheinbares Wollen und Tun verschüttet. Sie erfahren, was das Konzept des Nicht-Wollens und Nicht-Tuns genau bedeutet und wie es Ihnen gelingt, damit regelrecht alles in Ihrem Leben erreichen zu können.

Lösen Sie Ihre Blockaden auf und setzen Sie die Energie, die in der Blockade eingeschlossen ist, wieder frei, um das annehmen zu können, was Sie sich für Ihr Leben wahrhaft ersehnen!

Alles richtet sich nach demjenigen aus, der die höchste Energie hat. Sie werden erfahren, wie Sie Ihr Energielevel erhöhen. Denn je mehr Energie Sie haben, desto leichter und schneller offenbaren sich Ihnen neue Möglichkeiten und neue Lösungen.

Mit seinem MindFlow-System hat Tom Mögele auch mit zahlreichen bekannten Persönlichkeiten gearbeitet.

ISBN 978-3-95628-009-2

Ari Whitten & Alex Leaf

Eat for Energy – Ausgelaugt war gestern! Mit klaren Ernährungsstrategien den Körper auf optimale Leistungsfähigkeit ausrichten

Sie möchten Ihre Müdigkeit besiegen und Ihre Mitochondrien bis zum Anschlag aufladen?

»Eat for Energy« enthält die besten Ernährungsweisheiten, die Ari Whitten und sein Team in den letzten zehn Jahren aufgedeckt, systematisiert und mit Tausenden ihrer Kunden verfeinert haben. In diesem Buch nimmt er die Pseudowissenschaft auseinander, um die wahren Ursachen von Müdigkeit zu beleuchten, und zeigt Ihnen, wie Sie Ihren Körper (und Ihre Mitochondrien) umprogrammieren können, um wieder jugendliche Energie zu produzieren.

Mit klaren Ernährungsstrategien bringen Sie Ihren Körper aus dem Verteidigungsmodus wieder in einen Zustand optimaler Leistungsfähigkeit.

Ari Whitten nimmt Sie mit auf einen tiefen Tauchgang in unsere zellulären Energiezentren und beleuchtet klare Ernährungsmethoden und spezifische Lebensmittel, Nahrungsergänzungsmittel und Präparate, die Sie verwenden können, um ...

• besser zu schlafen, • den Blutdruck zu senken, • den Blutzucker zu stabilisieren, • Übergewicht abzubauen, • Gedächtnis und Konzentration zu verbessern, • mentales Wohlbefinden zu steigern.

Erwecken Sie Ihre innere Energiequelle mit »Eat for Energy«!

ISBN 978-3-949458-57-6

Alex Howard

Dein Weg aus der Erschöpfung – Der 12-Schritte-Plan, um deine Energie zu steigern, deinen Körper zu heilen und deine Ziele zu erreichen

Nie wieder erschöpft sein – wie Sie Ihre Müdigkeit überwinden und neue Energie freisetzen ...

Gehen Sie der Ursache Ihrer chronischen Erschöpfungsdiagnose auf den Grund und entdecken Sie einen klinisch erprobten 12-Schritte-Plan zur Heilung, Genesung und Transformation!

Das Leben mit Müdigkeit kann sich hoffnungslos und verwirrend anfühlen, da sich traditionelle medizinische Ansätze oft auf die Behandlung der Symptome konzentrieren, anstatt die zugrundeliegenden Ursachen zu verstehen und anzugehen. Aber Heilung ist möglich, wenn Sie lernen, Ihre Müdigkeit zu entschlüsseln, und die richtigen Maßnahmen in der richtigen Reihenfolge zur richtigen Zeit ergreifen.

Nachdem der renommierte Gesundheitsexperte Alex Howard sieben Jahre lang an chronischer Müdigkeit gelitten hatte, gründete er eine der weltweit führenden Kliniken, die sich auf Müdigkeit spezialisiert hat, und widmet sich seit über 20 Jahren der wissenschaftlichen Forschung auf diesem Gebiet.

Dieses Buch führt Sie durch eine klinisch erprobte Methodik, die Ihnen dabei hilft, ...

• die Ursachen von Müdigkeit zu verstehen, • die wichtigsten Schritte zur nachhaltigen Steigerung Ihrer Energie zu entdecken, • Ihren persönlichen Genesungsplan zu entwerfen.

ISBN 978-3-949458-40-8

Dr. Michael Curth und Matthias Vette

Ageless – Wie Sie mit dem Anti-Aging-Code Ihre Zellverjüngung aktivieren und Ihre Jugendlichkeit zurückgewinnen

Läuft Ihnen auch die Zeit davon? Wie wäre es, wenn Sie Ihr Leben um Jahrzehnte verlängern könnten?
Der Schlüssel zu einem langen und vitalen Leben besteht nicht in planloser Selbstoptimierung. Vielmehr brauchen wir einen ganzheitlichen Ansatz, zu dem neben einer gesunden Ernährung, ausreichend Bewegung und einem positiven sozialen Umfeld auch ein lebensverjüngendes Bewusstsein gehört.
Das Motto der Autoren: »Aus Überzeugung jung!« Das bedeutet, die eigene Einstellung, Geisteshaltung und die Ausrichtung der Glaubenssysteme sind entscheidend für ein vitales und gesundes Altern.
Die von Dr. Michael Curth und Matthias Vette entwickelten zehn Codes vereinen die besten Ansätze des Anti-Agings zu einem Gesamtkonzept. Erfahren Sie, wie Sie den Alterungsprozess verlangsamen sowie Ihre körperlichen und geistigen Fähigkeiten auf ein ideales Niveau heben können. Der Fokus liegt auf einem neuen Bewusstsein in Verbindung mit den aktuellen Erkenntnissen der Epigenetik, der Psychoneuroimmunologie sowie schamanischem Wissen für ein langes und gesundes Leben.
Mit den in »Ageless« präsentierten Techniken und Tools werden auch Sie Ihren Elan und Ihre Ausstrahlung steigern und Ihr Leben voller Vitalität, Freude und Abenteuer genießen.
»Ageless« ist ein Buch für alle, die jung bleiben und vital altern wollen.

ISBN 978-3-95628-053-5